古代歷史文化 研究輯刊

二 編

王 明 蓀 主編

第 17 冊

足崖壑而志城闕
——談唐代士人的眞隱與假隱

林 燕 玲 著

國家圖書館出版品預行編目資料

足崖壑而志城闕——談唐代士人的真隱與假隱／林燕玲 著 —
初版 — 台北縣永和市：花木蘭文化出版社，2009〔民98〕
目 2+152 面；19×26 公分
（古代歷史文化研究輯刊 二編；第 17 冊）
ISBN：978-986-6449-94-9（精裝）
1. 隱士 2. 唐代
546.1135   98014193

ISBN - 978-986-6449-94-9

9 789866 449949

古代歷史文化研究輯刊
二 編 第十七冊   ISBN：978-986-6449-94-9

足崖壑而志城闕——談唐代士人的真隱與假隱

作　　者	林燕玲
主　　編	王明蓀
總 編 輯	杜潔祥
出　　版	花木蘭文化出版社
發 行 所	花木蘭文化出版社
發 行 人	高小娟
聯絡地址	台北縣永和市中正路五九五號七樓之三
	電話：02-2923-1455／傳眞：02-2923-1452
網　　址	http://www.huamulan.tw 信箱 sut81518@ms59.hinet.net
印　　刷	普羅文化出版廣告事業
初　　版	2009 年 9 月
定　　價	二編 30 冊（精裝）新台幣 46,000 元

足崖壑而志城闕
——談唐代士人的眞隱與假隱

林燕玲　著

作者簡介

林燕玲，台灣雲林人，私立東海大學中文研究所畢業，國立中興大學中文研究所博士。
唐代文學一直是最感興趣的領域，喜歡針對時代現象做觀察。
碩士論文完成後，一直任教於國立台中技術學院，擔任國文科目教學工作。
2002 年中技成立應用中文系，轉任應中系專任教師。
博士論文：唐人之隱——文學社會學角度的觀察。

提 要

　　在中國社會中，仕與隱是知識份子解決其出處進退的思想與行為方式，自孔子以來，中國傳統知識分子便被塑造成一種固定的生命形象——以參與政治、一展所長、抱負為生活目標。然相對立場的政治體制、條件卻不一定給與士人參政的機會，一些挫敗的士人基於「有道則現，無道則隱」的原則選擇了退隱以進德修業，此後隱逸便成了士大夫性格、情操的一部分。隱逸行為由先秦乃至秦漢南北朝，大抵不脫消極反抗時政、逍遙自適、避亂等模式，只是其方式是溫和的。到了唐代，由於唐人尚功利，原來或求逍遙或養真志的目的於是再蒙上「求仕」的渴望，使得唐人的隱逸行為內涵愈形複雜。

　　一般論述唐代隱逸風氣是功利的，其實未必如此，「隱逸求仙」是唐代文人社會的一大特色，由唐代隱者的身分形形色色，可知隱者涵概了唐代社會的各階層，且他們各自所懷的目的也可能甚為複雜，用「功利」的印象概括唐人的隱逸行為，是不甚合理的。本論文的完成，乃基於對唐代此一特殊的現象的好奇心理，因此利用了基礎的統計、分析的方式，為唐代的隱逸風氣做了分類，並藉由數字的呈現，探究在此一風氣下，士人投跡幽隱時其內心的真假及實質內涵，發現功利固然為唐代普遍社會風氣，然士人選擇隱逸卻不可以偏概全的都視為別有用心，在唐代，隱逸行為背後的因素複雜，不同於其他朝代，是不爭的事實，於是針對唐代隱逸風氣進行觀察。

　　本論文以兩唐書中的〈隱逸傳〉、〈文苑傳〉、〈文藝傳〉、〈方伎傳〉、以及《唐才子傳》等所收列人物為基本憑藉史料，並參以《全唐詩》、《全唐文》與《唐詩紀事》、《太平廣記》及《唐代筆記小說》等，從中選出五八四人為採樣的範圍，剔除其重複荒誕者，資料不足以窺見其畢生行逕者，最後才得出一九五人作為樣本。選擇《兩唐書》與《唐才子傳》、《唐詩紀事》等作為材料的根據，是因為論文欲分析主角是知識份子，而此四部書正是記載唐代人士行跡的主要參考資料，應可作為整個唐代文人社會的雛型，並期望透過統計方法的分析，可以呈現出唐人隱逸內在性格的不單純，與真隱、假隱的具體面貌。

　　考慮到歷代論者對於隱逸的分類都失之浮泛，本論文改以隱逸事實來歸納類別，且不設數量、等第上的限制，再依分類結果與隱者的畢生行逕及當代或後人之評論來分辨真隱、假隱。經過多次的分組之後，得到較滿意的分類型態為十一組，除了真隱、假隱可以絕對判別的類型外，也有真、假隱交集的呈現，故在敘述分類結果時，第一章敘述唐代隱逸風氣形成之歷史背景，第二章論述真隱一類，第三章則論述真假隱類型中有「交集」的內容，第四章則以假隱類型為主。末章（第五章）乃就統計的人數、類別加以說明，唐人之隱逸確實以假隱居多數，約占百分之七十。故唐代士人藉終南捷徑而登仕途者委實不少，然而就時代價值而言，真、假隱並不完全可以作為批判隱逸行為高尚與卑下的標準，這是必須強調的。

感 謝 辭

撰寫這篇碩論文：「足崖壑而志城闕——談唐代士人的真隱與假隱」，是個奇妙的歷程。從原來只是個空泛的想法，卻在討論中得到師長的支持，我從一個完全對大型論文撰寫毫無概念的人，逐漸把想法形成文字，完成撰寫。時間是最大的壓力來源，眼見大家紛紛完成自己的論述，也只好盡力以赴。

不能免俗的，這本論文的完成要感謝的人太多了，中研院李豐楙教授是我一直想表答謝意的人，這篇論文的完成，李教授一直引領著我，指導我對唐代隱逸問題的觀察模式，每每思考糾結的當口，李教授都耐心解答我的疑惑。

我的所長楊承祖教授與論文指導教授汪中先生都是望重士林的學者，他們從論文撰寫的開始，就給予最大的精神支持，讓我能夠順著自己的想法發揮，甚至在口試當中，從論文題目、架構、思考邏輯到錯別字都給予我非常中肯具體的意見，都是我要深切表達謝忱的。

這樣的感謝遲到很久，因為碩士論文完成階段，孩子和工作接連報到，忙碌到只能完成既定畢業程序，然後論文便束諸高閣。感謝花木蘭出版社給我一個把論文出版的機會，雖然自己其實信心仍然不是很充足。

李建崑教授除了是我的博士論文指導教授，也是最鼓勵我把書本出版的師長，也是我該特別表達謝意的一位師長。

感謝的話是寫不完的，把所有的感謝銘記在心，或許是目前我唯一能做的。

目

次

緒　論

一、動機與目的

　　在中國社會中，仕與隱是知識份子解決其出處進退的思想與行為方式，自孔子以來，中國傳統知識分子便被塑造成一種固定的生命形象——以參與政治、一展所長、抱負為生活目標。然相對立場的政治體制、條件卻不一定給與士人參政的機會，一些挫敗的士人基於「有道則現，無道則隱」的原則選擇了退隱以進德修業，此後隱逸便成了士大夫性格、情操的一部分。隱逸行為由先秦乃至秦漢南北朝，大抵不脫消極反抗時政、逍遙自適、避亂等模式，只是其方式是溫和的。到了唐代，由於唐人尚功利，原來或求逍遙或養真志的目的於是再蒙上「求仕」的渴望，使得唐人的隱逸行為內涵愈形複雜。

　　一般論述唐代隱逸風氣是功利的，其實未必如此，「隱逸求仙」是唐代文人社會的一大特色，由唐代隱者的身分形形色色，可知隱者涵概了唐代社會的各階層，且他們各自所懷的目的也可能甚為複雜。基於唐代此一特殊的現象，因此想利用統計、分析的方式，為唐代的隱逸做一分類，並藉由數字的呈現，探究在此一風氣下，士人投跡幽隱時其內心的真假及實質內涵。

　　為隱者試作分類，最早的應該是史傳中首先為逸民入傳的范曄，他把隱者分成六大類型：〔註1〕其一是「隱居以求其志」者，指那些以隱居為手段而求達到行其志於天下的目的之人。其二是「曲避以全其道」者，在時局不穩定的時刻，此類隱者可說是隱逸的主要目的。其三是「靜以鎮其操」。其四「去危以圖其安」。其五「垢俗以動其概」。其六「疵物以激其情」。這樣的分類法，

〔註1〕根據《後漢書》卷八三之〈逸民列傳序〉（臺北：鼎文書局，民國64年初版）。

其中二、四兩類不易劃分清楚，五、六兩類找不到界限，因其目的都在於保身與輕視軒冕與權利，這恐怕不是最好的分類法。〔註2〕其後梁朝沈約作《宋書》隱逸傳時，將隱者分為「賢人之隱」與「荷蓧之隱」。能遯世避世，義深於自晦，不只是為了藏身而隱的，便是賢人，這種隱稱為「道隱」；而荷蓧之隱，猶有可傳之跡，這種隱稱為「身隱」，他將隱逸分為二種層次，即「道隱」與「身隱」，是絕對的二分，但基本上荷蓧、巢父之隱，皆深於自晦，豈不是世所知者只有逸人，沒有賢人？〔註3〕

　　唐人姚思廉作《梁書》時，認為隱者的隱逸基本上可分三個層次：上焉者「恥聞禪代，高讓帝王，以萬乘為垢辱，之死亡而無悔，此則輕身重道，希世間出」；其次「或託仕監門，寄臣柱下，居易而求其志。處汙而不愧其色。此所謂大隱隱於市朝」；又其次為「或裸體佯狂，盲瘖絕世，棄禮樂以反道，忍孝慈而不恤，此全身遠害，得大雅之道」──在此，「隱於何處」成為姚氏判定隱逸行為層次的根據，其概念有可舉之處，然第一與第三類並不那麼容易分辨，「以萬乘為垢辱」和一般不出仕的隱者有何本質上的不同？這一點限界模糊，也不是好的分法。〔註4〕到了宋祁‧歐陽修的《新唐書》卷一九六〈隱逸傳序〉，也將隱者分作三等：「上焉者，身藏而德不晦，故自放草野，而名往從之，雖萬乘之貴，猶尋軌而委聘也」；「其次，挈治世具弗得伸，或持峭行不可屈于俗，雖有所應，其於爵祿也，汎然受，悠然辭，使人君常有所慕企，怊然不足，其可貴也」；「末焉者，資槁薄，樂山林，內審其才，終不可當世取捨，故逃丘園而不返，使人常高其風而不敢加訾焉。」其分類準則清楚，但可惜涵蓋面不夠。〔註5〕

　　由此可見自古以來，無論為隱逸作何種分類，都無法完全區分出隱者內心的真情假意。因人是有思想的生物，隨著時代推移，隱逸型態也愈趨複雜。於是「隱逸行為」在唐代既有真、假的分別，要如何為其作分類，則成為本論文的首要問題。隱者的行徑流落在人間者，原本只可見到一鱗半爪，其心

〔註2〕范曄之說參見《後漢書》卷八三，頁 2755（臺北：鼎文書局，民國 64 年初版）。

〔註3〕沈約之說參見《宋書》卷九三，頁 2257～2276（臺北：鼎文書局，民國 64 年初版）。

〔註4〕姚思廉之說參見《梁書》卷五一，頁 731～732〈處士列傳〉序。（臺北：鼎文書局，民國 64 年一版）。

〔註5〕宋祁‧歐陽修之說參見《新唐書》卷一九六，頁 5593～5594。（臺北：鼎文書局，民國 64 年初版）。

靈境界，更是不易爲人探知，現今若要直接捕捉他們的神態內心來加以描述，實有事實上的困雜。故本論文擬由較客觀的角度入手：首先論列隱逸風氣的成因、流行狀況，再以資料所見者，探討隱者隱逸之內容、目的，判定其是否爲眞心幽隱、亦或爲有所待者，最後再論述眞假隱的實質與價值。

二、方法與結果

　　寫作之時，幾經思考與過濾，乃決定以兩唐書中的〈隱逸傳〉、〈文苑傳〉、〈文藝傳〉、〈方伎傳〉、以及《唐才子傳》等所收列人物爲基本憑藉史料，並參以《全唐詩》、《全唐文》與《唐詩紀事》、《太平廣記》及《唐代筆記小說》等，從中選出五八四人爲探樣的範圍，剔除其重複荒誕者與資料不足以窺見其畢生行逕者，最後才得出一九五人作爲樣本。其人物分佈的範圍，凡有皇親貴戚、出將入相的高門巨室、僧侶道士；也有仕途平順及宦途蹭蹬不遇之人，這些人大體引導了唐代部分士風，且多以隱逸作爲心靈休憩的方式或釋褐的憑藉。這批人既已留名史傳，應可做爲唐代隱者的代表，並足爲唐人之隱逸目的作一清楚的詮釋。當然，捨此而外的唐代隱士仍有不少，因爲仕與隱的抉擇，基本上便是中國士人自古以來內心就不斷交戰的課題，士人的「遇不遇」早已存在著「偶然」的性質。這是因爲知識份子所懷抱的理想與客觀的政治體制間，常存在著不可避免的衝突。於是，悲劇沒有落幕的時候，官場往往是知識份子挫敗的源頭，以致歷代具備「隱居經驗」的士人比比皆是，並不光以唐代士人如此，這是首要強調的一點。

　　選擇《兩唐書》與《唐才子傳》、《唐詩紀事》等作爲材料的根據，是因爲論文欲分析主角是知識份子，而此四部書正是記載唐代人士行跡的主要參考資料，可以作爲整個唐代文人社會的雛型，並期望透過統計方法的分析，可以呈現出唐人隱逸內在性格的不單純與眞隱、假隱的具體面貌。

　　研究的進行程序在劃定了取樣範圍之後，接著是確立分析對象，共得一九五人，因考慮到歷代論者對於隱逸的分類都失之浮泛，於是想換個角度，讓隱者自己的生平說話——即以隱逸事實來歸納類別，且不設數量、等第上的限制，再依分類結果與隱者的畢生行逕及當代或後人之評論來分辨眞隱、假隱。原來的計畫是只用一章來論述分類結果，但經過多次的分組之後，得到較滿意的分類型態爲十一組，除了眞隱、假隱可以絕對判別的類型外，也有眞、假隱交集的呈現，即「以隱入召且就官者」、「仕而後隱」、「曾登第又

不務進取」三類有眞、假隱參雜的情況。故在敘述分類結果時，增加爲三章，除第一章敘述唐代隱逸風氣形成之歷史背景外，第二章論述眞隱一類，第三章則論述眞假隱類型中有「交集」的內容，第四章則以假隱類型爲主。末章（第五章）乃就統計的人數、類別加以說明，唐人之隱逸確實以假隱居多數，約占百分之七十。故唐代士人藉終南捷徑而登仕途者委實不少，然而就時代價值而言，眞、假隱並不完全可以作爲批判隱逸行爲高尙與卑下的標準，這也是要強調的。

此外，還要補充說明的是本論文的分類，乃以功名及利祿兩大因素作爲歸隱前提，因正確的說，人性中最拋卻不了的兩大包袱，即名與利，唐代士人具有明快的、不惺惺作態的特質，對於自己所追求的標的多不掩飾，在這種情況下，士人的貪利競進便益發明白可辨了。

本論文的宗旨既在分辨唐代士人隱逸的眞假，故以歸納、說明被取樣隱者的行徑、內心衝突，與眞、假隱的內涵與時代特質爲論文的重心。至於此一風氣對人文社會、文學作品的影響，則因目前力有未逮，且因其牽涉廣大、不易掌握具體資料而暫不作論述，故進一步的深究只有期以來日，或有心者之從事。

第一章　唐人隱風大盛之背景因素

　　此章主在敘述唐代士人隱逸成風的背景因素，文分六節。第一節論「仕」與「隱」在士人內心存在的意義及唐代士人隱逸的時代特徵。第二節敘述朝廷在政策上獎勵隱逸的情形。第三節主述科舉考試影響，唐代士人入仕方式不止一條，隱逸卻是多數人俱備的生活經驗，其關係如何，必須探討。第四節主述唐代社會趨向功利風氣的狀況。第五節則探討中晚唐以後政局動亂，內憂外患的紊亂情況。第六節則就宗教因素探討隱逸動機，期能呈現整個唐代隱逸風氣之概況，並在此前提下進行唐代士人眞隱、假隱之分析。

第一節　士人之仕隱本質與時代特徵

　　仕與隱是中國士人自春秋時代以來就已面對的抉擇和困境，即使到了二十世紀的今天，仍讓不少知識份子交戰于心。對於士人的仕隱問題，首先要界定「士」人的實質，究竟所指爲何？

　　「士」可以說是中國知識份子的原始，然而因古文獻的闕如，加之出土的甲骨文與銅器銘文又不能爲文字的本意多作解說，因此，要探求「士」的原始涵意，便不得不往字源、語源的方向，以文字構造的特徵去推測。學者專家對此已作了太多的分析，在此僅就個人認同的說法來界定，何以「士」會與知識份發生關聯。按許愼《說文解字注》對於「士」字的解釋是：

　　　士，事也。數始於一，從於十，從一十。孔子曰：「推十合一爲士」。

　　　凡士之屬皆從士。

段玉裁注釋這段文字說：

> 引申之，凡能事其事者稱士。《白虎通義》曰：士者事也。任事之稱
> 也。故傳曰：通古今，辨然否。謂之士。〔註1〕

而許愼又云：

> 事，職也。〔註2〕

王國維以爲古「史」與「事」是一字：

> 史之本義，持書之人，引申而爲大官及庶官之稱，又引申而爲職事
> 之稱，其後三者各需專字，於是史、吏、事三字於小篆中截然有別，
> 持書者謂之史，治人者謂之吏，職事者謂之事。〔註3〕

李孝定《甲骨文字集釋》有一按語：

> 栔文史事使一字，而形略殊。〔註4〕

可見史、事本爲一字。在先秦古籍中「事」多做「職事」，或當動詞「任職事」
講。如：

> 惟三月，哉生魄，周公初基作新大邑于東國洛；四方民大和會，侯
> 甸男邦采衛，百工播民，和見士於周。〔註5〕

據屈萬里先生於《尚書釋義》中解釋，「士」即「效力於事務」之意，也正是
說文所言「士者，事也。」的意思。〔註6〕

於是綜上所述，我們得到了一個結論，「士」即「事」之意，而「事」與
「史」本爲一字，可見「事」在古代多半指政事，而士所事的也多半是政事，
自然士人是官府中人。既然士在官府執事，自然具備「知書知數」的知識，
是有才能的人，於是「士」的原始意義就與知識發生了關係，「士人」也就是
指知識份子而言了。

界定了士人的特質和特性，接下來要面對的便是仕、隱的問題了。春秋

〔註1〕以上見段玉裁注《說文解字注》──篇上，頁20。（臺北：黎明文化事業股份
有限公司，經韻樓藏版影印本，民國75年12月增訂二版）。

〔註2〕同前書三篇下，頁117。

〔註3〕見王觀堂先生全集冊一《觀堂集林》卷六〈釋史〉一文。（臺北：文華出版社，
民國57年3月一版）。

〔註4〕《甲骨文字集釋》卷三，頁971〈中研院史語所集刊第五十〉。

〔註5〕引自屈萬里先生《尚書集釋》頁145《周書・康誥》。（臺北：聯經，民國72
年出版《屈萬里全集》第二冊）

〔註6〕同前書頁146，集釋二下稱：「士，蔡氏集傳云：說文曰：『事也。』詩曰：『勿
士行枚』見士，謂效力於事務也。

時代以前，封建制度下的士是地位最低的貴族：

> 由士以上則必以禮樂節之，眾庶百姓則必以法數制之。〔註7〕

到了孔子所處的時代，封建制度既已崩潰，貴族也落沒了，知識不再是貴族的專利，同時，孔子也為士人階層塑造出性格、情操，這在《論語》中可以見到諸多的例子。如：

> 士志於道，而恥惡衣惡食者，未足與議也。〔註8〕

> 士而懷居，不足以為士矣。〔註9〕

> 志士仁人，無求生以害仁，有殺身以成仁。〔註10〕

孔子打破了原屬貴族的「士」，掀起游說講學之風，此時的士已無定主可以效忠，社會上出現了大批有知識學問卻沒有固定工作的士人，士既游離於仕途，也就成了游士，在這種情形下，「仕」的問題便產生了。再加上孔子強調士人不只是以生存為唯一目的，要有「兼善天下」、「己立立人，己達達人」的自我期許，因而孔門弟子此後便十分自覺的以「仕」為生命目標，希望在政治上有所建設，子夏曾毫無疑惑的說：

> 學而優則仕。〔註11〕

便是證明。此後的孟子更以出仕為知識份子的生活態度：

> 士之失位也，猶諸侯之失國家也……士之仕也，猶農夫之耕也。〔註
>
> 12〕

由此反映了士倚賴仕為生的現象。

秦漢以後，天下統一，士人出仕的對象已不再有多重選擇，唯一的君主支配力廣達天下，士人可謂「無所逃於天地間」，從此，士人官宦的道路狹隘了，士人的遇為隱逸蒙上現實的壓力，士人的仕宦意願也就隨政局的安定與否起變化：

> 自後帝德稍衰，邪孽當朝，處子耿介，羞與卿相等列，至乃抗憤而

〔註7〕語見王先謙《荀子集解》卷六，頁346，〈富國篇〉。（臺北：藝文印書館，民國66年2月四版）。

〔註8〕語見《論語》，〈里仁〉篇，頁46。（臺北：啓明書局，語譯廣解四書讀本）

〔註9〕前引書〈憲問〉篇，頁208。

〔註10〕前引書〈衛靈公〉篇，頁236。

〔註11〕前引書〈子張〉篇，頁293。

〔註12〕見《孟子·藤文公》下。頁139～141。此書見《語譯廣解四書讀本》，孟子，宋《朱熹集註》，蔣伯潛廣解，啓明書局出版。

不顧，多失其中行焉。〔註13〕

出仕的態度已有否定的色彩，傾向道家視出仕爲險途的隱逸觀，且此一變化，延續至政局黑暗的魏晉南北朝而極盛；可以說，道家思想的本質是反仕的，而反仕思想的表現即在魏晉隱逸人物的身上，呈現出「避禍」與「絕世」的反政治面貌，由《晉書》的〈隱逸列傳〉〔註14〕可以得到印證：

孫　登　爲土窟居之，夏則編草爲裳，冬則披髮自覆，不與人言語。

索　龑　不與當世交通，或獨語獨笑……或請問不言。

陶　淡　逃入山中，終身不返。

韓　績　以潛退爲操，……不交當世。

葛洪是魏晉南北朝以來唯一以專篇討論隱逸的人物，《抱朴子》外篇首列「嘉遯」與「逸民」兩篇。葛洪以悠游自得的逍遙之道反駁儒家積極出仕的態度，也以「尊隱」的立場駁斥「反隱」的思想，認爲隱逸隱者並非「無益」之物，反而對社會大眾有一定的「美俗」功用，故仕與隱基本上是殊途的，但並不對立，士人可以隨自我之所安而作抉擇。然而葛洪實際上仍是傾向於隱逸而反對現實政治的：

在朝者陳力以秉庶事，山林者修德以厲貪濁，殊塗同歸，俱人臣也。

今隱者潔行蓬蓽之內，以詠先王之道，使民知退讓，儒墨不替，此亦堯舜之所許也。昔夷齊不食周粟，鮑焦死於橋上，彼之硜硜，何足師表哉？〔註15〕

葛洪之後的隱逸人物所呈現的思想與行爲大抵不脫此一模式，而又有新觀念──即「大隱隱於市朝」，與極端山水林泉式隱逸的對立。在隱逸士人的觀念中，朝代的更迭、政局的黑暗以及趨勢好利的俗世屬於濁世，隱者爲保持一己的清介節操，而與優美的山水林泉爲伍──這亦是中國知識份子觀念中的山水傳統，爲一己之清與俗世之濁劃下界限，互不干擾。而相反的，「大隱隱於市朝」是入乎濁穢而不染，不求隱逸之形跡而重內心的平靜，這種隱逸，或已泯除仕與隱的對立性，卻難免失去隱逸原來存在的「抗議」精神了。

〔註13〕語見范曄《後漢書》卷八三，〈逸民列傳〉序文，頁2725。（臺北：鼎文書局，民國六十四年初版）。

〔註14〕見《晉書》卷九十四〈隱逸列傳〉，頁2425。（臺北：鼎文書局，民國64年初版）。

〔註15〕見葛洪《抱朴子》外篇，卷三〈逸民〉，頁427。（王雲五主編，《叢書集成初編》，冊一三九，上海商務印書館，民國25年12月初版）。

　　隋唐之後，科舉制度由興起而確立，儒家「學而優則仕」、「內聖外王」的觀念也進一步制度化了，考試方式也由漢代的薦舉轉化成以儒家經典或文學為內容，於是士人的面貌是純學問的，可以藉由考試分高低，而不是可以自由心證的道德修養，開闢了士人與政權之間確定可行且較公平的道路。更進一步的拉近了士人與政治間的關係。以致唐朝士人的主要出路是在朝做官，在朝做官的主要門徑是進士及第，這是因為唐代的社會風氣大多是追求名利、崇尚浮華的。進士及第並不容易，據《冊府元龜》卷六三九之記載，進士科每年應試者嘗有千數，但所錄取者不過百分之一、二，而這些失意舉子面對挫敗要如何自處呢？仕與隱的衝突到了唐代，塗上許多功利的色彩，一方面統治者在宗教和文化上，對儒、道、釋三家思想兼收併蓄，活躍了士人的思想層面；另一方面唐朝肇建之初，確實得到不少隱居賢人的鼎力相助。於是徵聘隱逸人士來參與政事，成了唐代朝廷的傳統，加以唐代社會安定、經濟繁榮，給文人提供了優閑生活的環境，對那些求仕困難的讀書人而言，由隱而仕，往往成為「終南捷徑」；對那些有官祿之人，由仕而隱，甚至邊仕邊隱，都可以名利雙收，《舊唐書》卷一九二〈隱逸列傳〉序便提到：

　　　　高宗天后，訪道山林，飛書巖穴，屢造幽人之宅，堅回隱士之車。

在上位者這樣的行為，難免刺激產生唐代士人以隱求仕的假清高。宋祁與歐陽修《新唐書》之〈隱逸列傳〉序中也說：

　　　　唐興，賢人在位眾多，其遁戢不出者，才班班可述，然皆下概者也。
　　　　雖然，各保其素，非托默於語，足崖壑而志城闕也。然放利之徒，
　　　　假隱自名，以詭祿仕，肩相摩於道，至號終南、嵩少為仕途捷徑，
　　　　高尚之節喪焉。

可見唐代士人選擇隱逸一途，在史家的共識上確實別有目的，並不是全然單純的放逸山林的自我逍遙，這是歷來論者所肯定的唐代士風，亦是本論文所選擇的大前提，意欲探討唐人真隱、假隱的問題，便不能不特別先界定「士」的意義、士人所指的範圍，以及仕或隱在傳統知識份子內心中的衝突所在，與唐代隱逸的時代特質。

第二節　朝廷有所獎勵

　　唐代隱逸風氣的盛行綜合了許多內在、外在的因素相互影響。最基本

的，沒有在上位者有意、無意的倡導、獎勵。就不會有「上有所好，下必甚焉」的煩惱，所以，政策因素是本節欲探討的主題。

唐室之開國時間在於承接魏晉南北朝之後，特重氏族門閥的時代，據陳寅恪先生《唐代政治史述論稿》上篇：〈統治階級之氏族及其升降〉文中所云：

> 若以女系母統言之，唐代創業及初期君主，如高祖之母爲獨孤氏，太宗之母爲竇氏，即紇豆綾氏，高宗之母爲長孫氏，皆是胡種而非漢族。故李唐皇室之女系母統雜有胡族血胤。世所共知。〔註16〕

唐室在開國之始，即缺乏巨大的地方力量爲憑藉，本身又非真正的豪門巨室，血統混雜，以故陳寅恪先生又云：

> ……總而言之，據可信之材料，依常識之判斷，李唐皇室若非趙郡李氏之破落戶，即是趙郡李氏之假冒牌，至於有唐一代之官書，其紀述皇室淵源，〔註17〕間亦保存原來真實之事蹟，但其大部盡屬後人諱飾誇誕之語……。〔註18〕

即李唐皇室並未如其宗室世系所云，系出名門貴族，這在崇尚門第的時代中，基於政治上的考慮，唐皇室只好捏造自家族譜，以與當時之山東士族相抗衡，並由思想上著手，創造老君神蹟，〔註19〕謂李氏乃老子苗裔，老子又爲道教之祖，如果皇室是這樣一位神仙祖宗之後，豈非使廣大群眾對之更加敬畏？於是李唐皇室自創業伊始，便已大力傳播、弘揚老子神話，促使政治與宗教做緊密結合，以收攬民心。

據《唐會要》卷五十〈尊崇道教〉條云：

> 武德三年五月，晉州人吉善行，於羊角山見一老叟，乘白馬朱鬣，儀容甚偉，曰：「謂吾語唐天子，吾汝祖也，今年平賊後，子孫享國千歲。」高祖異之，乃立廟於其地。〔註20〕

〔註16〕見《陳寅恪先生文集》第三冊，頁1。（臺北：里仁書局）
〔註17〕此官書指《舊唐書》卷一，頁1，〈高祖本紀〉與《新唐書》卷七十上〈宗室世系表〉都說唐高祖李淵是隴西成紀人。
（舊唐書本，臺北：鼎文書局，民國65年初版，以下引同書）
（新唐書本，臺北：鼎文書局，民國64年初版，以下引同書）
〔註18〕引自《陳寅恪先生文集》之〈唐代政治史述論稿〉上篇，頁11。
〔註19〕老君即道教之指稱老子也，神蹟參見上海古籍出版社印，1991年第一版之《唐會要》卷五十，頁1013，〈尊崇道教條〉之內容。
〔註20〕引同前。

實際上，這種神蹟並未見於正史，《新、舊唐書》之〈高祖本紀〉、《資治通鑑》武德三年亦未有紀錄，只有《舊唐書・高祖本紀》於武德七年下云：

> 冬十月丁卯，幸慶善宮。癸酉，幸終南山，謁老子廟。〔註21〕

高祖之謁老子廟的舉動，無疑奠定了唐室與宗教之政教關係，於是道教信徒增多了。此後的唐室帝王也都與道教保持良好關係。因唐代既確認了老子爲其遠祖，自然不能不尊宗道教，以高其門第與假神道設教來收人心。

　　相對的，由此可見唐室在建立之初，應頗得一些道教人士的幫助，爲之編造譜牒、神話來攏絡人心，如《舊唐書》卷一九二〈隱逸傳・王遠知傳〉：

> 高祖之龍潛也，遠知嘗密傳符命。

又如《道藏・混元聖紀》卷八亦載山人李淳風稱老君降顯於終南山，對他說：

> 唐公當受天命。〔註22〕

同時，建國之初，也得到了一些隱逸高人相助，如《舊唐書》卷七〇〈王珪傳〉云：

> ……季叔頗，當時通儒，……開皇末，爲奉禮郎。及頗坐漢王諒反
> 事被誅，珪當從坐，遂亡命於南山，積十餘歲。

又同書卷七一〈魏徵傳〉云：

> 徵少貧，落拓有大志，不事生產，出家爲道士。

這二人後來都成爲初唐時輔國的重臣。再加上太平盛世，爲了搜舉隱賢以示萬民歸心的動機，種種原因都加強了唐代帝王對草澤遺民的重視。太宗在秦王時，就已致力「徵求草莽、置驛招聘」。〔註23〕等他踐帝位，仍一本初衷，力主「山藪幽隱，尤須徵召」，〔註24〕故屢屢下詔搜訪遺逸，如貞觀二十年六月，太宗下《搜訪才能詔》云：

> ……馭朽臨兵，銘心自戒，宵興旰食，側席思賢，庶欲博訪丘園。
> 搜采英俊，弼我王道，臻於大化焉。〔註25〕

〔註21〕《舊唐書》，冊一，頁15。（臺北：鼎文書局，民國65年初版）
〔註22〕此見臺北：藝文印書館發行，民國51年影印本之《道藏》第九十三函，《混元聖紀》卷八
〔註23〕《冊府元龜》卷九七，帝王部，禮賢，頁512。（臺北：大化書局，民國73年初版）。「唐太宗初爲秦王，徵求草莽，置驛招聘，皆自遠而至……」
〔註24〕《冊府元龜》卷七六，帝王部，襃賢，頁387。
　　　「（貞觀）十三年二月，特進魏徵抗表乞骸骨，帝曰：以卿正直，拔居左右，數進忠讜，用益國家，朕爲四海之主，山藪幽隱，猶須徵召……」
〔註25〕見《唐大詔令集》卷一〇二，舉薦上，頁519。（臺北：鼎文書局，民國67年

即可爲例。而以後之君王。亦多留心於此,如《舊唐書》卷一九二·〈隱逸傳〉序云:

> 高宗天后,訪道山林,飛書巖穴,屢造幽人之宅,堅回隱士之車。……

表示了高宗武后之尙隱賢,不單止於下詔,且有實際行動,親訪巖穴。又據《唐會要》卷七十六〈貢舉中〉之制科舉條內羅列了唐代無定期之科舉名目與及第者,如:

> 乾封元年,幽素科,蘇瓌、解琬、苗神客、格輔元、徐昭、劉訥言、崔谷神及第。
>
> ………
>
> 景龍二年,抱器懷能科,夏侯銛及第。
>
> 景雲二年,藏名負俗科,李俊之及第。
>
> ………
>
> 開元元年……哲人奇士逸倫屠釣科,孫遜及第。
>
> ………
>
> 十五年……高才沉淪、草澤自科舉,鄧景山及第。
>
> ………
>
> 大曆二年,樂道安貧科,楊膺及第。
>
> ………
>
> 建中元年……高蹈丘園科,張紳、衛良儒、蘇哲及第〔註26〕

考《舊唐書》隱逸傳之內容,共收二十人之傳,其中王遠知、田遊巖、潘師正、劉道合、史德義、王友貞、衛大經、司馬承禎、王希夷、盧鴻(一)、白履忠、吳筠、孔述睿、陽城、崔覲等十五人與其同代最高統治者高祖、太宗、高宗、武后、中宗、睿宗、玄宗、代宗、德宗、文宗等都有關係,可見唐代歷位君主都有獎披隱淪的具體行動。而《舊唐書》卷一九二〈隱逸傳序〉云:

> 前代貴丘園,招隱逸,所以重貞退之節,息貪競之風。

又《新唐書》卷一九六〈隱逸傳序〉云:

〔註26〕《唐會要》同注4,頁 1641～1646,復興崗學報第十八期,趙明義《唐代科舉考試述評》一文,頁 183 引錄。《古今圖書成·選舉典》之〈唐制科舉表〉,亦可供參考。

……且世未嘗無隱，有之未嘗不貴而先焉者，以孔子所謂「舉逸民，
天下之人歸焉。」

朝廷推舉逸民之所以不遺餘力，按理說正如前引語，除了求才得賢之外，也
在敦勵風俗，盼能藉獎重貞退的節操來息貪競之風，即使徵而不至，或應召
赴京又疾辭，在過程上已足以為教化助力，何以會如此？陳貽焮在其《唐代
某些知識分子隱逸求仙的政治目的》一文即提到隱逸原是不滿現實，反抗時
政的表現，如果能把隱者高士之中的幾位「名揚宇宙」的代表人物找來應景，
以示「天下歸心」、「聖代無隱者」，豈不是可以收點綴昇平之效？能滿足統治
者虛榮心的最佳例證，首推《舊唐書》卷一九二〈隱逸田遊巖傳〉：

調露中，高宗幸嵩山，遣中書侍郎薛元超就問其母。遊巖山衣田冠
出拜，帝令左右扶止之。謂曰：「先生養道山中，比得佳否？」遊巖
曰：「臣泉石膏肓，煙霞痼疾。既逢聖代，幸得逍遙。」帝曰：「朕
今得卿，何異漢獲四皓乎？」薛元超曰：「漢高祖欲廢嫡立庶，黃、
綺方來，豈如陛下崇重隱淪，親問巖穴。」帝甚歡，因將遊巖就行
宮，并家口給傳乘赴都，授崇文館學士。

三人一搭一唱，田氏與薛氏之諂媚已極曲盡頌聖之能事，難怪高宗要「甚歡」，
因為自己可以親訪巖穴，比之漢代商山四皓的典故不知道要賢能多少，於是
唐代帝王訪賢舉逸的用意，又多了一層上擬前代美談，點綴昇平之意。

基於前述種種因素，唐自開國伊始，便很注意獎勵在野的隱賢，此後，
國家承平日久，徵召隱逸不但有政策上的考慮——可以美俗，可以息貪競之
風，也有滿足虛榮心，自比古之賢君的用意，因為目的不在重用隱者（朝廷
另有選拔人才的方法），自然也不指望隱者會有大表現、大作為，故所召之隱
者未必有賢才，如前所述之田遊巖赴都任太子洗馬一職，卻在東宮無所規益，
右衛副帥蔣儼以書責之曰：

「足下負巢、由之俊節，傲唐、虞之聖主，聲出區宇，多流海內。
主上屈萬乘之重，申三顧之榮，遇子以商山之客，待子以不臣之禮，
將以輔導儲貳，漸染芝蘭耳。皇太子春秋鼎盛。聖道未周，僕以不
才，猶參庭諍，足下受調護之寄，是可言之秋，唯唯而無一談，悠
悠以卒年歲。向使不餐周粟，僕何敢言！祿及親矣，以何酬塞？想
為不達，謹書起予。」遊巖竟不能答。〔註27〕

〔註27〕事見《資治通鑑》卷二〇二，開耀元年條（西元六八一年），唐紀十八，頁6403

即為一例。當然，我們不能否認所徵召之隱者中確有賢人，希望能藉徵召而有所作為，如李白、吳筠、陽城之輩，〔註28〕可惜能藉隱而獲實質官任，得以一展抱負者少之又少，大多數的時候，隱士會不應徵辟，此時，君主便可順手推舟，下些「不奪隱淪之志，以成高尚之美」或「雖思廊廟之賢，豈違山林之願」一類詔書褒美之，然後賜以布匹、白米、隱服等優渥的賞賜放歸舊隱，以示國家的太平強盛與君主的泱泱大度。一場又一場的政治喜劇便週而復始的上演於唐代朝廷之上，隱者儼然成為君主的「戰利品」、「炫耀物」。如此一來，既有歷任君主的提拔獎掖，「上有所好，下必甚焉」，會造成唐人假隱逸之名以干祿位之實的虛偽浮薄士風，朝廷的最高統治者實在該負主要責任，因為君主的搜訪隱逸不但不能達到野無遺賢的效果，反而更加刺激有心人一窩蜂的往山林泉水中隱居了。

第三節　科舉考試及第不易

　　中國科舉制肇始於隋，至唐乃確立。唐代取士科目眾多，據《新唐書》卷四十四〈選舉制〉云：

> 唐制，取士之科，多因隋舊，然其大要有三：由學館者曰生徒；由州縣者曰鄉貢；皆升于有司而進退之。其科之目：有秀才、有明經、有俊士、有進士、有明法、有明字、有明算，有一史、有三史、有開元禮、有道舉、有童子；而明經之別：有五經、有三經、有二經、有學究一經；有三禮、有三傳、有史科，此歲舉之常選也。其天子自詔者曰制舉，所以待非常之才焉。〔註29〕

可知唐代科舉大體可分生徒、鄉貢、制舉三項，生徒與鄉貢考試科目已有不少，至於天子不定期舉行的制舉，據《唐會要》卷七六〈制科舉條〉所述，如「志烈秋霜科」、「幽素科」、「辭殫文律科」、「辭標文苑科」、「蓄文藻之思科」、「抱儒素之業科」……等不勝枚舉，約有七十餘科，想來士人之仕宦之途應是寬廣的，可是實際上卻不然，據王壽南《隋唐史》之唐代制舉科目及

　　　　　（臺北：洪氏出版社，宋《司馬光編撰》，宋遺民胡三省注）
〔註28〕李白傳見《舊唐書》卷一九〇、〈文苑下〉，頁5053。
　　　　吳筠傳見《舊唐書》卷一九二、〈隱逸傳〉，頁5129。
　　　　陽城傳見《舊唐書》卷一九二、〈隱逸傳〉，頁5132。
〔註29〕見《新唐書》卷四四，頁1195。

登科人數統計表的顯示，〔註30〕可知唐代制舉次數不少而登第人數不多。除制舉外，如上所述，唐代士人出仕的正規途徑是鄉貢或生徒，在十餘種考試科目中以秀才科最高貴，且錄取極少，每年至多不過一、二人，因此，舉人較無興趣，已於高宗時停科。明經與進士二科是考生最多的科目，明經科應考人數每年大約爲一千人，錄取率約百分之十至十二；而進士科最爲士人所嚮往，每年應考約八百至一千餘人，而登第者最多四十人，有時少，僅取一人，大致以二十至三十人爲多，錄取率比明經科少很多。〔註31〕且據《通典》卷十五〈選舉〉三云：

> 開元以後，四海晏清，士無賢不肖，恥不以文章達，其應詔而舉者，
>
> 多則二千人，少猶不減千人，所收百才有一。〔註32〕

錄取率不過百分之一、二，可以想見唐代科考及第比諸今日之各種國家考試，困難度有過之而無不及。

　　何以唐代士人會特重進士科？《唐摭言》卷一之〈散序進士〉條或可作約略說明：

> 進士科始於隋大業中，盛於貞觀、永徽之際。縉紳雖位極人臣，不
>
> 由進士者終不爲美，以至歲貢常不減八、九百人，其推重謂之白衣
>
> 公卿，又曰一品白衫。其艱難謂之三十老明經，五十少進士。〔註33〕

因爲及第困難，錄取比例低，相對的，登第者便彌足珍貴，應考數十年才得登第者比比皆是，如顧況之子顧非熊沉淪科場達三十年，始得一第〔註34〕、劉得仁貴爲公主之子，出入舉場二十年竟無所成，〔註35〕可見進士科白首登第是常事，《文獻通考》卷二九·〈選舉二〉云：昭宗天復元年時及第之進士有六人，最年輕的是曹松五十四歲，其餘五人年齡：陳光問六十九歲，鄭希

〔註30〕此表見於王壽南《隋唐史》第十四章·第二節，頁549～556。（臺北：三民書局75年12月初版）。

〔註31〕以上數字、比例據上引書第十四章，第二節，頁557～558。

〔註32〕見《通典》卷十五〈選擇〉三，頁84。（臺北：新興書局影印）

〔註33〕據《筆記小說大觀》二十篇，第一冊之《唐摭言》卷一，頁20（臺北：新興書局編，雅雨堂藏板影印本，以下引同書）。

〔註34〕顧非熊傳見《唐才子傳校正》卷七，頁222。（台北：文津書局，周本淳校正1988，以下引書同）
　　　　《唐摭言》卷八，〈已落重收〉條亦云：非熊屈在舉場三十年。

〔註35〕劉得仁傳見前引書，卷六，頁194，《唐摭言》卷十，〈海敍不遇〉條，頁237，作「出入舉場三十年」，與《唐才子傳校正》所述不同。

顏五十九歲，王希羽七十三歲，劉象七十歲，柯崇六十四歲，時稱「五老榜」，〔註36〕可見「五十少進士」之言不虛，能中進士確實不容易。

其次，據李樹桐之《唐代之科舉制度與士風》所述，整理如下：〔註37〕

太　宗　共二十九位宰相，其中經由唐代的明經、進士科出身的，無一人。

高　宗　共四十七位宰相，其中由明經出身者二人，進士出身者八人，對策擢第出身者一人。比之太宗時代，由科舉出身的宰相顯有增加。

武　后　共七十八位宰相，其中明經出身者十一人，進士出身者九人。

玄　宗　其三十四位宰相，其中明經出身者三人，進士出身者十八人，制舉出身者七人，其它出身者二人，在三十四人中，已過半數，可見進士科出身已漸受重視。

德　宗　共三十五位宰相，其中明經出身者三人，進士出身者十二人，其它出身者四人，共計十九人出身科舉。

憲　宗　共二十九位宰相，其中明經出身者二人，進士出身者十六人，可看出宰相由科舉出身人數又加多了。

文　宗　共二十四位宰相，其中明經出身者一人，進士出身者十九人。

宣　宗　共二十三位宰相，其中明經出身者無一人，進士出身者佔十九人。

僖　宗　共二十三位宰相，其中明經出身者亦無一人，進士出身者佔十九人。

由以上統計數字，可知唐初宰相由進士出身寥寥無幾，其後逐漸上升，直至唐末，宰相出身於進士者占百分之九十強，自高宗武后開始重用進士科人才，便造成唐代君主用人的一種傳統習慣，於是唐代的進士及第者在政治舞台上比其它類別及第者要升遷更快、更高，如此一來，唐代士人怎能不對進士科趨之若鶩呢？

進士要為時所重，士人們亦以其為入仕捷徑，除上述二個因素之外，要加上一條「打擊門閥」的因由，高宗龍朔年間（西元六六一至六六三年）武則天確立了自己的統治階層，她開始重用進士科，以打破高祖以來較重經學

〔註36〕見《唐摭言》卷八，頁 199～200 所敘。
〔註37〕此統計見於華崗學報，第六期，頁 97～163。

的傳統，特重詩賦取士，陳寅恪先生在其《唐代政治史述論稿》中指出：

> 進士科主文詞，高宗、武后以後之新學也；明經科專經術，兩晉、
> 北朝以來之舊學也。究其所學之殊，實由門族之異。故觀唐代自高
> 宗、武后以後，朝廷及民間重進士而輕明經之記載，則知代表此二
> 科之不同社會階級在此三百年間升沉轉變之概述矣。〔註38〕

經學與詩賦雜文分別代表了不同的社會階級（門閥與寒門素士），武后之重進
士使得門閥士族受到打擊，而再度出現「布衣可致卿相」的情形，同時也令
文學日盛而經學日衰。如此所述，唐代科舉的常科爲生徒、鄉貢與制舉，由
學校出身的生徒只佔其一，且例以經學爲重。而進士科之重詩賦，乃在武則
天時，詩賦早已爲帝王所欣賞，玄宗時，又正式定詩賦爲考試的內容，所以
詩賦就爲士人所注意學習的主科。〔註39〕《舊唐書》卷一一一・高適傳說：

> 天寶中，海內事干進者注意文詞。

《舊唐書》卷一一九・崔祐甫傳亦云：

> 常袞當國，非以辭賦登科者，莫得進用。

詩賦是較仰賴性靈的創作，不太需要從師問學，正所謂「陶鈞氣質，漸潤心
靈者，人不若地」〔註40〕山林藪澤僻靜幽深，正好是陶冶性情，培養靈感的
理想處所，於是吾人可見唐代士子攻習舉業，每每入於山林寺院之中。《唐摭
言》卷三末，王定保論曰：

> 文皇帝撥亂反正，特盛科名，志在牢籠英彥，遍來林棲谷隱，櫛比
> 鱗差。〔註41〕

又，《唐摭言》卷十，〈海敘不遇〉條記述學子讀書山林的盛況說：

> ……中條山書生淵藪。〔註42〕

而嚴耕望先生之《唐人讀書山林寺院之風尚》一文亦言及士子讀書山林者日
見眾多乃在武后專擅，薄於儒術，致學官成衰之後，士子於山林寺院之中，
論學會友，蔚爲風尚，及學成乃出應試以求聞達，而宰相大臣、朝野名士亦
多出其中。也肯定士人之選擇隱居讀書乃當代之風尚。

〔註38〕見《陳寅恪先生文集》第三冊之83頁。（臺北：里仁書局）
〔註39〕此說見上引李樹桐之《唐代的科舉制度與士風》，頁147。
〔註40〕語出《全唐文》卷八八八，徐鍇〈陳氏書堂記〉，頁11706。（臺北：匯文書局，1995）
〔註41〕語見《唐摭言》卷三，〈慈恩寺題名遊賞賦詠雜紀〉條末，頁98。
〔註42〕見前引書，頁244。

再以李頎《緩歌行》一詩為例：

> 男兒立身須自強，十年閉戶潁水陽。
>
> 業就功成見明主，擊鐘鼎食坐華堂。……〔註43〕

要讀書不入學從師問道，反而閉門於潁水之濱，可見當代並不以入學為時尚。

此外，因家貧無法自學，須寄食讀書於寺院之中，亦成為士人隱居山林原因之一，《唐摭言》卷七〈起自寒苦〉條敘述徐商、韋昭度、王播三人少年讀書的情形：

> 王播少孤貧，嘗客揚州惠昭寺木蘭院，隨僧齋餐。諸僧厭怠，播至已飯矣……
>
> 徐商相公常於中條山萬固寺泉入寺院讀書，家廟碑云：隨僧洗缽。
>
> 韋令公昭度，少貧窶，常依左街僧錄淨光大師，隨僧齋粥。淨光有人倫之鑑，常器重之。〔註44〕

可知唐代之寺院是為寒士聚讀之所。縱然山僧有慢侮之處，貧士再不高興，仍不得不寄寓寺院以便習業。相對的，豪門巨室雖不至於要寄食寺院，卻仍有讀書山林之舉，如房琯與呂向偕隱陸渾伊陽山中讀書，凡十餘載〔註45〕陳子昂以富家子任俠尚氣，年十八猶未知書，後感悔，即於梓州東南金華山觀讀書。〔註46〕由此不難想見唐代士人為了參加科考而隱居讀書之風氣十分鼎盛。

進士既然在武則天後，成為寒士入仕的正規捷徑，且由進士出身，入仕後能有機會以很快的速度出將入相，成為政界與社會的新貴，自然進士科便成了士人們競奔的鵠的。姚合的〈寄陝府內兄郭篏端公〉一詩云：

> 蹇鈍無大計，酷嗜進士名。〔註47〕

便毫無隱瞞的承認進士及第是其人生最大目標，而為了達到此目標，士人所傾注的心力是可觀的。如前所述，進士及第困難重重，錄取率低至百分之一、二，士人沉浮舉場數十年是常有的事，得意者百不過一、二，失意人便不可勝數，在得與失的強烈對照下，落第舉子內心的辛酸是深刻的：

> 膀前潛制淚，眾裡自嫌身。〔註48〕

〔註43〕詩見《全唐詩》卷一三三，冊4，頁1349。北京，中華書局，1996年版，以下引書同。

〔註44〕以上所引見《唐摭言》卷七，頁164～165。

〔註45〕房琯事見《舊唐書》卷一一一其本傳，頁3320。

〔註46〕陳子昂傳見《唐才子傳校正》卷一，頁16。

〔註47〕詩見《全唐詩》卷四九七，冊15，頁5647。

　　落第逢人慟哭初，平生志業欲何如。〔註49〕

　　誰知失意時，痛於刃傷骨。〔註50〕

　　十上十年皆落第，一家一半已成塵。〔註51〕

　　年年春色獨懷羞，彊向東歸懶舉頭。〔註52〕

懷抱熱切功利思想，卻身處山林幽隱之中，這些人就外在形跡看來固然是放逸山林的，內心卻有熱切的功名冀望，即使遭受一次又一次的挫敗，仍然要奮力爲之。《唐摭言》卷一・〈散序進士〉條云：

　　其有老死於文場者，亦無所恨，故有詩云：「太宗皇帝眞長策，賺得英雄盡白頭。」

如此消耗士人的精力於舉場之中，以致只要有入仕希望，士人們即使要老死於文場，一考再考，對於考試一事仍是心甘情願的。這樣的人雖然放跡山林，內心到底不會平靜，他們的隱居大多是在爲仕宦做準備，因爲隱逸山林可以博致清望，萬一科考一再失利，退隱山林的清高自適也許可以成爲另一種入仕的籌碼，甚至，只是作爲維護自尊的藉口，如姚合之「送狄兼暮下第歸故山」：

　　慈恩塔上名，昨日敗垂成。

　　賃舍應無直，居山豈釣聲。

　　半年猶小隱，數日得閒行。

　　映竹窺猿劇，尋雲探鶴情。

　　愛花高酒戶，煮藥汗茶鐺。

　　莫便多時住，煙霄路在城。〔註53〕

一旦功名不遂，隱居實不失爲進退有據的好辦法，例如任蕃之舉進士不第，牓罷進謁主司曰：

　　僕本寒鄉之人，不遠千里，手遮赤日，步來長安，取一第榮父母不得。侍郎豈不聞江東一任蕃？家貧吟苦，忍令其去如來日也？敢從

〔註48〕詩見《全唐詩》卷四七九，冊14，頁5457，李廓之〈落第〉。
〔註49〕詩見《全唐詩》卷五四九，冊17，頁6360，趙嘏〈下第後上李中丞〉。
〔註50〕詩見《全唐詩》卷六〇五，冊18，頁6993，邵謁〈下第有感〉。
〔註51〕詩見《全唐詩》卷六〇〇，冊18，頁6944，公乘億之選句。
〔註52〕詩見《全唐詩》卷六五四，冊19，頁7525，羅鄴之〈落第東歸〉。
〔註53〕詩見《全唐詩》卷四九六，冊15，頁5629。姚合〈送獨劇兼下第歸故山〉。

此辭，彈琴自娛，學道自樂耳。〔註54〕

又喻坦之亦舉進士不第，久寓長安，囊罄，憶漁樵，還居舊山。其有李頻以詩送歸云：

> 從容心自切，飲水勝銜杯。
>
> 共在山中住，相隨闕下來。
>
> 修身空有道，取事各無媒。
>
> 不信昇平代，終遺草澤才。〔註55〕

　　總之，進士科之於唐代士人，可說是畢生努力的目標，士人苦讀於山林寺院達十數年，甚至數十年之久，爲的便是提名金榜，而其及第的困難程度已如前述，以是每回科舉落榜舉子眞不知凡幾。士人的窮蹇與騰達既全繫於此功名的成就與否，山林之中便免不了多了許多磨礪身手準備應試者及久舉不第的士人徘徊其中，以解內心的抑鬱，以致唐代隱逸成風，科舉制度似乎也該負起「假隱」部分的責任。

第四節　社會尚功利

　　唐朝是中國史上文治武功都達到鼎盛輝煌的時代，在政局上，它結束了魏晉南北朝以來，胡戎交侵、南北分裂的狀態；在文化上混合了胡、漢民族的特質，而迸出了雖傳統卻又創新的，活力充沛的社會氣象，以致唐人的性格予人明快的、不拖泥帶水、不惺惺作態的特質。

　　一般認爲唐人尚功利，何以如此？須先由皇室紛爭談起，太宗於高祖末年發動玄武門政變，殘殺其兄建成、其弟元吉，並殺盡建成、元吉諸子十人，確立了自己爲帝的條件，手段殘酷，雖後來勵精圖治，開創了唐代盛世，但已爲世人之尚功利作了不好的示範，羅龍治在其《論唐初功利思想與武曌代唐的關係》一文中談到第一次的「玄武門之變」的五大功臣爲房玄齡、長孫無忌、杜如晦、侯君集、尉遲敬德，其中房、長孫與杜爲前朝世族顯貴的後裔，而昧於大義，不但未勸阻太宗的骨肉相殘，反而助太宗奪嫡，是故這些做臣子的具濃厚功利思想，是極明顯的。〔註56〕

〔註54〕任蕃傳見《唐才子傳校正》卷七，頁221。

〔註55〕喻坦之事見前引書，卷九，頁285。

〔註56〕參見《史原》之1970年7月第一期，頁1～12。

此外，陳寅恪先生云：

> 玄武門地勢之重要，建成、元吉豈有不知，必應早有所防備，何能
> 令太宗之死黨得先隱伏而據此要害之地乎？今得見巴黎圖書館藏書
> 常何墓誌銘，然後知太宗與建成、元吉兩方皆誘致對敵之勇將。常
> 何舊曾隸屬建成，而爲太宗所利誘。當武德九年六月四日常何實任
> 屯守玄武門之職，故建成不以致疑，而太宗因之竊發，迨太宗既殺
> 其兄弟之後，常何遂總率北門之屯軍矣。〔註57〕

常何身爲建成舊部，任守玄武門之職，居然可以爲太宗所利誘收買，則君臣
相互利用的關係是很明顯的，此後唐代皇室便以太宗爲次子而可奪嫡當政，
東宮之位也就不等於確立踐祚的條件，它是動搖不定的。太宗之子亦有奪嫡
之爭即可爲證。至武后代唐，爲鞏固其政權，採取恐怖政策，任用酷吏，大
肆誅殺，冤濫至極，《資治通鑑》云：

> 太后自垂拱以來，任用酷吏，先誅唐宗室貴戚數百人，以及大臣數
> 百家，其刺史、郎將以下，不可勝數。〔註58〕

但武后亦知長期的恐怖政策是行不通的，所以她一方面排除異己，另一方面則
以文章拔擢寒門，來迎合讀書人的利祿心理，《通典》卷十五載沈既濟之言略云：

> 初國家自顯慶以來，高宗政躬多不康，而武太后任事，參決大政，
> 與天子並。太后頗涉文史，好雕蟲之藝，永隆中始以文章選士。及
> 永淳之後太后君臨天下二十餘年，當時公卿百辟無不以文章達，因
> 循日久寖以成風。至於開元、天寶之中，太平君子唯門調戶選，徵
> 文射策，以取祿位，此行己立身之美者也。父教其子，兄教其弟，
> 無所易業，大者登臺閣，小者任郡縣，資身奉家，各得其足，五尺
> 童子恥不言文墨焉。是以進士爲士林華選，四方觀聽希其風采，每
> 歲得第之人不浹辰而周聞天下，故忠賢雋彥、韞才毓行者咸出於是。
> 而桀姦無良者或有焉，故是非相陵，毀稱相騰，或扇結鉤黨，私爲
> 盟歃，以取科第，而聲名動天下，或鉤摭隱匿，嘲爲篇詠，以列於
> 道路，迭相談訾，無所不至焉。〔註59〕

〔註57〕參見陳寅恪先生之《唐代政治史述論稿》中篇〈政治革命與黨派分野〉，頁55。
（臺北：里仁書局）

〔註58〕語出《資治通鑑》卷二〇五，唐紀二一，則天后長壽元年（西元692年），頁
6485。（臺北：洪氏出版社印，宋《司馬光編撰》，宋遺民，胡三省注）。

〔註59〕語出杜祐《通典》卷十五，選舉典三，頁84。（臺北：新興書局）

於是進士出身的文人成了朝廷中的新貴，武后成功的鞏固了自己政權，從而也令士人們因可藉文詞而爲達官顯宦，朝野更加崇尚功利。沈既濟成功的以這段文字交代了初唐至盛唐、中唐間朝廷由尚進士而爲重文輕武的概況（終於導致日後安史之亂以降的無窮後患），而功利主義也幾乎成了唐代上至天子，下至士庶的處事準則，綜觀唐室自高祖起，至於唐亡，皇位繼承權的爭奪，幾乎無代無之，甚且骨肉相殘，亦不覺恥，究其原因，全爲了「利益」二字。於是我們可以看到唐代的官吏大多通權達變，勇於進取，因此能臣很多，但相對的，善應變而無節操也是唐代士人的毛病，故唐代欲求高風亮節之士則不多見，如李泌之出仕幾遭妒嫉，他都藉退隱來保身即證明了他是通權達變之士，但非眞的甘心恬退，只是以隱逸作爲逃避手段，便不能讓人肯定他的操行；〔註60〕大文豪韓愈在唐人中算是較有節操的，但他在求仕無門之際，屢次上書宰相以求委用，措辭謙卑阿諛，〔註61〕其作品中更多諛墓之辭，可見當時知識界所瀰浸功力之盛，即使是以儒者自居的韓愈，也不能免俗。

前一節已提到科舉考試及第不易，想求進士出身，困難重重，除了要有好文采，也要能干謁，有人賞識幫忙，好不容易上榜了，還得通過吏部的再一次考試，並且，進士出身雖然晉升迅速，但並非任官的唯一道路，在功利前提下，朝廷獎重隱逸之士，以示天下昇平，自然也會吸引仕途不順利者、或有心於仕宦者藉隱以鳴高，從而達到出仕的宿願，前述之李泌、以及李白、吳筠、盧藏用等人都是有名的例子，〔註62〕這些人將在下面的文章中作討論，在此不作各別的分析。

我們由唐代隱者的身份涵蓋了社會上的各個階層，可以想見當時「託薜蘿以射利，假巖壑以釣名」的取巧者數量一定不少，否則新、舊唐書之隱逸傳便不會特別提到這類的批判，唐代隱士上至宗室貴戚、豪門巨室，下至寒士婦女都可以見到事例，只是並不可一概而論這些隱者必定是有所圖的，仔細探究唐人之隱，有單純的樂遊山水、個性疏放不求宦達者，也有浮沉宦海的年老致仕者；有累於科場，久久不第的失意人；也有位極人臣，名動公卿的成功者；有

〔註60〕李泌傳見《舊唐書》卷一三○，頁3620。

〔註61〕參見《全唐文》卷五五一，〈上宰相書〉、〈後十九日復上宰相書〉、〈後二十九日復上宰相書〉等文，頁7084～7087。（臺北：匯文書局）

〔註62〕參見兩唐書，隱逸傳，此類事例頗多。

慕文化而至的外國人；也有工格律文字的女隱者，充分顯示「隱」之一事在唐代是一種社會流行，非止於功利目的，必須綜合多項因素而成就之。

第五節　中晚唐政局動亂

盛唐時期到了安史之亂算是劃上了休止符，自此唐朝走向衰落之途，英明如玄宗，到了晚年也不免怠於政事，漸肆奢欲。開元二十四年（西元七三六），張九齡因諫玄宗不可易太子，致李林甫得以日夜短九齡於上，上浸疏之而終罷張九齡相，「自是朝廷之士，皆容身保位，無復直言」，〔註63〕而李林甫呢？《資治通鑑》說他：

> （天寶二年）時李林甫專權，公卿之進，有不出其門者。必以罪去
> 之。〔註64〕

這是唐朝內政衰敗的標誌，李林甫執宰相位達十九年之久（自開元二十一年至天寶十一年），可以說是造成唐朝政局腐敗的因素，為了鞏固一己的相位，他引進了沒有知識文化的安祿山，埋下了安史之亂的種子，其後楊國忠為相，竟一身兼四十餘職：

> 國忠為人強辯而輕躁，無威儀。既為相，以天下為己任，裁決機務，
> 果敢不疑；居朝廷，攘裾扼腕，公卿以下，頤指氣使，莫不震懾。
> 自侍御史至為相，凡領四十餘使。臺省官有才行時名，不為己用者，
> 皆出之。〔註65〕

這樣的人把持政權，實在非社稷之福。

朝綱不振是唐室衰落原因之一，宦官干政則更促進政治腐敗，唐室重用宦官始於玄宗時的高力士，開元末年甚至大臣奏疏，須經高力士過目，小事他即行處理，大事才奏請玄宗，李林甫、安祿山、高仙芝等人能取得將相位，皆出自其力。唐肅宗之登位是李輔國之助，此後宦官權勢又得到進一步的擴大，於是直至唐亡，宦官之禍遂不絕，在政治日益黑暗的情形下，人民生活只有更加悲困，不但租稅繁重：

> ……諸卅送物，作巧生端，苟欲副於斤兩，遂加其丈尺，有至五尺

〔註63〕語見《資治通鑑》卷二一四·唐紀三○·玄宗開元二十四年，頁6824之25。
　　　　（臺北：洪氏出版社）
〔註64〕見前引書，卷二一五·唐紀三一，玄宗天寶二年，頁6859。
〔註65〕見前引書·卷二一六，唐紀三二·玄宗天寶十一年，頁6914～6915。

爲匹者。〔註66〕

而且連年用兵，卻又先後敗於南詔、契丹、大食等國，造成安祿山反叛的機會，此亦是節度使（藩鎮）割據的開始。安史之亂綿延八年之久，不但破壞了北方經濟，也破壞了人口結構，使人口大量南移，更造成當時的邊防空虛，少數民族（吐蕃、南詔等）經常侵犯內地，〔註67〕人民生活更加困頓。

天寶末年以後，唐朝社會各種問題互相交織，全面爆發，原本一片昇平景象的大唐帝國暴亂不斷，大小起的抗爭持續至終唐。而唐朝後期政治上的重大問題在於藩鎮割據與宦官爲禍。唐朝原本實行府兵制，開元十二年後被均田制破壞了，府兵制改爲募兵，於是節度使得以擁兵自重，在經濟上又有獨立自主之權，可以自收稅、糧，自然不聽朝廷指揮。

在經濟問題方面，產生土地私有的狀況，上至官僚貴族，下至普通商人、地主都參與了對均田制的破壞，加之農民避兵亂、重稅而逃亡，更造成均田制的全面崩潰，地主田莊遍佈全國各地，爲此，產生了「兩稅法」，歷來對它的優劣評斷並不是很好，不過，政治與經濟上的改革對當時的社會而言是必然的。

牛李黨爭是唐朝後期的重大歷史事件，自唐憲宗至唐宣宗，前後延續半個世紀之久，發生黨爭的原因是牛、李黨的出身不同，代表了士族一方的李德裕反對進士考試的流弊——善詩賦者未必能經邦濟世，而且他厭惡進士及第者朋黨勾結，所以在他執政時，取消了進士及第後的曲江大會，以減少「座主」與「門生」之間的互相勾結，這個決定應是切中時弊的，卻與進士出身的牛黨針鋒相對，兩黨爭鬥從憲宗開始歷經穆宗、武宗、宣宗歷四朝之久才稍止。

此期間政局動蕩不安，到僖宗登位，由於長期以來的政治腐敗、水利失修，致黃河以北發生旱災，無數百姓餓死，終於被迫作亂，其中最著名的是高仙芝與黃巢二起。黃巢是爲文人，但多次參加科考都被抑而不得及第，於是憤而起事造反，征戰所經歷：山東、河南、安徽、湖北、湖南、江西、浙江、福建、廣東、廣西、江蘇、陝西、十二省，百姓所受的荼毒，不可勝計，《舊唐書》卷二〇〇下黃巢傳：

> ……京畿百姓皆砦於山谷，累年廢耕耘，賊坐空城，賦輸無入，穀

〔註66〕見《通典》卷六‧食貨六‧賦稅下，頁33。（臺北：新興書局印）
〔註67〕安史之亂資料見《隋唐史話》第三章‧〈唐朝的衰落〉，頁196～184。（木鐸出版社，民國77年9月出版）。
　　　　又，王壽南《隋唐史》第八章，頁217～258。（臺北：三民書局）

> 食騰踊，米斗三十千，官軍皆執山砦百姓鬻於賊爲食，人獲數十萬。
> 朝士皆往來同、華，或以賣餅爲業。……賊怒坊市百姓迎王師，乃
> 下令洗城，丈夫丁壯殺戮殆盡，流血成渠。……關東仍歲無耕稼，
> 人餓倚牆壁間，賊俘人而食，日殺數千……

這是唐末的悲慘世界。

> ……江右、海南、瘡痍既甚，湖湘荊漢，耕織屢空。……東南卅府
> 遭賊之處，農桑失業，耕種不時。就中廣州、荊南、湖南，資賊留
> 駐，人戶逃亡，傷夷最甚。〔註68〕

即使是富裕的江南地區，也不能免於傷亂，自是黃巢亂雖平，唐室也再沒有
能力振興國力了。

綜合上述，可知中晚唐之時局內有奸臣當道、宦官爲亂、牛李黨爭、外
有民亂多起與藩鎮爲禍，再加上外族凌夷，不論是政治、社會、經濟都受到
嚴重破壞，處在此內憂外患的局勢下，士人不論在朝在野，想求自保是極自
然的反應，故辛文房在其《唐才子傳》卷一中，便有一段議論：

> 唐興迄季葉，治日少而亂日多，雖草衣帶索，罕得安居。……自王
> 居以下，幽人間出，皆遠騰長往之士，危行言遜，重撥禍機，糠夫
> 罍軒冕，掛冠引退，往往見之。躍身炎冷之途，標華黃、綺之列。
> 雖或屢聘丘園，勉加冠佩，適足以速深藏於藪澤耳。……〔註69〕

因爲朝中奸臣當政、宦官當權，身在魏闕者，爲了避禍全身，宗教與隱逸成
了最好的護身符，於是「退朝以後，焚香獨坐，以禪誦爲士」者不少，於山
林之中置別業、隱所者亦所在多有。至若在野處士，因戰亂因素避入林泉之
際者，數量就更多了，這是局勢使然，不是在士人內心的眞願，以致我們可
以看到唐人之「待時」是隱逸極重要的因素之一，這就難怪辛文房要說：

> 時有不同也，事有不侔也。〔註70〕

第六節　宗教與隱逸

唐朝的宗教活動極爲活躍，主政者並不排除人民宗教上的信奉自由，其

〔註68〕引自《舊唐書》卷十九下，頁705，僖宗本紀廣明元年制。
〔註69〕語見《唐才子傳校正》卷一，頁4。
〔註70〕引同前。

中以佛、道二教最爲重要，它們對於社會具有廣大的影響力，也助長了隱逸風氣，故在此獨立一節加以探討。

首先略述當時佛、道二教流行的概況：佛教自漢世傳入中國以後，傳佈日廣，歷東漢、魏晉南北朝以至唐代，其發展可謂達到最高峰，一方面宗派林立，成實、淨土、三論、律、禪、天台六宗都盛行於世，又有不少新宗派興起，重要的有法相、華嚴、密、俱舍諸宗，前三者爲大乘教義，俱舍則爲小乘。這許多舊有和新興的宗派，互相雄長，再加上玄奘、義淨、不空、會寧、道琳、善行等名僧西行求法，攜回經典甚多，隨即由政府贊助，展開大規模的譯經工作，成就極大。此外，唐代除武宗有滅佛舉動外，諸帝對佛教都採取尊重或獎勵的態度，尤其高宗武后、都篤信佛教，經常齋僧、布施、超渡、建廟，在這幾位君主提倡下，佛教便更加興盛起來，王公貴戚競相度牒僧尼，營造佛寺。〔註71〕

〈武宗本紀〉載武宗毀佛時，所拆除的寺、蘭若共四萬四千六百餘所，勒令還俗的僧尼達二十六萬五百人，收寺院奴婢十五萬人，并爲國家稅戶，〔註72〕可見當時佛教勢力之大，且實際僧尼數恐怕還要多於此數甚高。流風所及，無怪當時人把出家當成是大丈夫當然之事。〔註73〕士大夫之流，篤信佛法者不少，如蕭瑀、王維、白居易、裴休等，皆爲顯例；〔註74〕王守慎辭官請爲僧，曾爲武后賜號；〔註75〕馬嘉運、賈島、劉軻、蔡京皆於早年爲沙門；〔註76〕在在顯

〔註71〕此論參考傅樂成《隋唐五代史》一書第十八章，〈唐代的宗教〉，頁154～163。（臺北：眾文書局，民國79年二版）。

參閱王壽南《隋唐文》第十七章，〈社會與宗教〉，頁695～713。（臺北：三民書局，民國75年12月初版）。

〔註72〕見《舊唐書》卷十八，頁604〈武宗本紀〉「會昌五年四月……敕祠部檢括天下寺及僧尼人數，大凡寺四千六百，蘭若四萬，僧尼二十三萬五百。」

「八月……天下所拆寺四千六百餘所，所還俗僧尼二十六萬五百，收充兩稅戶，拆招提蘭若四萬餘所……」

〔註73〕唐國史補「出家大丈夫」條，又見《唐語林》卷四（栖逸）條，頁486下。

〔註74〕分見《舊唐詩》各傳。

白居易傳見《舊唐書》卷一六六頁4340。

王維傳見《舊唐書》卷一九○，頁5051，〈文苑〉下。

蕭瑀傳見《舊唐書》卷六三，頁2398～2404。

裴休傳見《舊唐書》卷一七七，頁4593。

〔註75〕王守慎傳見《舊唐書》卷一九二，頁5125，〈隱逸傳〉。

〔註76〕馬嘉運見《舊唐書》卷七十三，頁2603，賈島傳見《新唐書》卷一七六，頁5268。

示唐人奉佛的普遍。

至於道教，大致而言是始終爲唐皇室所尊奉的，雖不如佛教風行，卻也不曾受到破壞打擊，這是因爲唐高祖在開國之初，可以說是天時、地利、人和的「時勢造英雄」，基本上唐室一族並非傳統士族，所以唐高祖就沒有巨大的地方力量爲其憑藉，自然人民對統治者之向心力就不大了！〔註77〕爲求收攬民心，於是有老君〔註78〕的神蹟出現，假造神話，說李氏乃其苗裔；而老子也因與唐室同宗，獲得特殊的尊榮。據《唐會要》卷五十，尊崇道教條云：

> 武德三年五月，晉州人吉善，行於羊角山，見一老叟，乘百馬朱鬣，儀容甚偉。曰：「爲吾語唐天子，吾汝祖也，今年平賊後，子孫享國千歲。」高祖異之，乃立廟於其地。

此事雖《新‧舊唐書》高祖本紀武德三年皆未有記載，《資治通鑑》武德三年也沒紀錄，但《舊唐書‧高祖本紀》於七年下卻有：

> （七年）冬十月丁卯，幸慶善宮。癸酉，幸終南山，謁老子廟。〔註79〕

的記載。太宗貞觀年間亦下詔稱：「皇室本系出於老子」，〔註80〕又下「令道士在僧前詔」，〔註81〕於是道教便成了唐代的國教。高宗也曾至亳州老君廟拜謁，上尊號爲「太上玄元皇帝」。玄宗尤其著意提倡，不惟屢上尊號，並將謁廟之舉立爲定制，其後諸帝，除順宗與哀宗以在位日短外，莫不遵行。玄宗開元二十五年，下詔將道士、女道士改隸宗正寺，與皇族並列，更又大大提高了道教的地位。開元二十九年，設崇玄學，置生徒，令習老子、列子、文中子，每年准明經例考試，是爲「道舉」。天寶十四年，又頒御注老子義疏於天下。凡此種種，皆足以見道教在唐代政治地位的特見尊崇。〔註81〕

儘管道教有皇室的大力提倡，在社會中的風行程度仍不能與佛教相比，

蔡京傳見《唐詩紀事》卷四十九，頁743。

劉軻事見《唐摭言》卷十一反出及第條，頁261。出自《筆記小說大觀》第二十編，新興書局影印雅雨堂藏版。

〔註77〕參考陳寅恪先生之《唐代政治史述論稿》與孫克寬先生之《唐代道教與政治》一文。《唐代政治史述論稿》頁1～128，出自陳寅恪先生文集第三冊（臺北：里仁書局七十一年九月版）。

《唐代道教與政治》頁1～37。〈大陸雜誌〉第51卷第2期，民國64年8月。

〔註78〕老君即道教指稱之老子。

〔註79〕見《舊唐書》〈高祖本紀〉卷一，頁15。

〔註80〕參考《新唐書》卷七十，頁1955，宗室世系表。

〔註81〕見《全唐文》卷六，頁73，太宗〈令道士在僧前詔〉。（臺北：滙文書局）

〔註81〕本段所述各點皆出兩唐書各帝本紀。

觀《新唐書》卷四十八〈百官志〉所載：

> 天下觀一千六百八十七，道士七百七十六，女冠九百八十八。寺五
>
> 千三百五十八，僧七萬五千五百二十四，尼五萬五百七十六。〔註82〕

可見出風行程度的懸殊。這大概是道教與佛教有其教義本質上的差異之故。然
而由於道教是一種偏於現世的功利宗教，肯定生活，講長生攝養，而求壽祈福
的意願乃人之常情，因此它很容易為一般人所接受，作為一種基層的信仰。〔註
83〕唐代的知名之士中，篤信道教的也不少，如李泌以好談神仙詭道出名，〔註84〕
詩仙李白曾受真籙，〔註85〕魏徵、吉中孚、曹唐都曾一度出家為道士；〔註86〕
上表請致仕度為道士者，則有賀知章、戴叔倫、蕭俛、蔣曙等人。〔註87〕

除了在上位者的尊奉，唐代寺院道觀本身也多在山谷清幽之地，吸引好
佛慕道的人群趨入山林，應該是自然的結果。同時，寺院道觀多位於山林之
中，且尚有食宿之便，更有豐富藏書，乃至有義學僧可資學，故學子每樂於
寄寓其中讀書。〔註88〕這種情形在第三節中已有討論。這些人日後學有所成，
仍要出山參加科考，求取功名當然不能算是真隱居，但是僅就形跡而言，也
可說是曾有短暫的隱逸。

換個角度來看，僧道之流居於山林，屏絕俗務，在行為上無異於隱士，
而一般人也把他們與高人逸士們一體看待。此所以兩唐書隱逸傳多載道士，
而《唐語林·栖逸篇》〔註89〕每錄僧人。試看《舊唐書·隱逸傳》對王希夷
的記載：

〔註82〕 見《新唐書》卷四八，頁1252，〈百官志〉三，崇玄署條下。

〔註83〕 參閱日人小柳司氣太《道教概說》中〈中國國民性與道教〉一節。（商務印書
　　　　館人人文庫），1926年。

〔註84〕 見《舊唐書》卷一三○《李泌傳》，頁3620。

〔註85〕 李白有詩二首言其事：「訪道安陵遇蓋寰為余造真籙臨別留贈」見《李白集校
　　　　注》卷十，頁672，及「奉餞高尊師如貴道士傳道籙畢歸北海」見《李白集校
　　　　注》卷一七，頁1032。（臺北：偉豐書局，民國73年出版）。

〔註86〕 魏徵出家事見《舊唐書》卷七一〈魏徵傳〉云：「徵少孤貧，落拓有大志，不
　　　　事生產，出家為道士。」吉中孚事見《唐才子傳》卷四，頁98。曹唐事見《唐
　　　　詩紀事》卷五十八，頁890。

〔註87〕 賀知章事見《舊唐書》卷一九○，頁5033，〈文苑下〉戴、蕭、蔣三人見《唐
　　　　摭言》卷八，頁203，〈入道條〉。（臺北：新興書局，筆記小說大觀，第二十
　　　　編，第一冊）

〔註88〕 參閱嚴耕望先生之《唐人習業山林寺院之風尚》一文。《史語所集刊》30下，
　　　　民國48年10月。

〔註89〕 《唐語林·栖逸篇》卷四，頁486下（筆記小說大觀，第十三編第4冊）

> 孤貧好道，……隱於嵩山，師道士黃頤，向年四十，盡能傳其閉氣
> 導養之術。頤卒，更居兗州徂徠山中，與道士劉玄博爲棲遁之友。
> 好易及老子，嘗餌松柏葉及雜花散。〔註90〕

如此則當爲道士一流人物無疑，而玄宗下制，乃稱其爲「徐州處士王希夷」。
再如王守慎，是因爲請爲僧，才被列入隱逸傳的。唐初篤嗜佛法的蕭瑀，早
年得病，不即醫療，卻說：

> 若天假餘年，因此望爲栖遁之資耳。（《舊唐書》卷六十三本傳・頁
> 2398）

皇帝對隱士們下詔褒揚，措辭不外是些「深歸解脫之門」或「絕學棄智，抱
一居貞」之類的話。從這裡，不難看出緇黃方外之徒與高隱逸人之間的界線
是如何不易分清；或者也可以說，佛、道二家盛行與在位者之信奉，在以功
利爲前提的唐代士人眼中，是藉以保身、療慰不遇痛苦的護身符與安慰劑，
在論述隱逸的時代環境時，不可不提。

　　綜合上述種種隱逸的時代背景因素，可以發現，這些原因是相互作用影
響的，尤其是在朝野尚功利的前提下，在上位者的信仰宗教、獎勵隱淪，可
以刺激宗教的興盛與在野之人求在朝之實；朝野姦宦當道，朋黨相爭，會令
士人在有志難伸之下，選擇宗教與隱逸做爲自保的方式；而朝廷特重進士，
實與欲瓦解舊勢力，建立新勢力有關，本質上仍不脫政治因素，卻造成士人
喜讀書於山林寺院之間的社會風氣，故本章雖將時代背景因素分文化、政策、
制度、經濟、社會、局勢、宗教等要項來分析，卻不能抹煞這些因素彼此相
互影響的事實，在這些因素的交互作用下，唐人的隱逸不但是流行，而且更
披上了前所未見的，特有的功利色彩與時代特色。

〔註90〕見《舊唐書》卷一九二，頁 5121〈王希夷傳〉。

第二章　眞隱類別分析

　　本章主在敘述唐人隱逸之誠意眞心者，共分四節。首節整理儒、道二家隱居之標準，找出眞隱所應具有之眞實面貌，做爲眞隱之判定標準。第二節以後開始敘論隱逸的類別，此章所述全爲眞隱，但因共同特質的不同，又分爲三類來敘述，其一爲眞心栖逸山林者，其二爲隱而待時之隱仕皆有據者，其三則就高門隱居之例來述論，茲分述如下。

第一節　隱逸眞假的判定標準

　　史家定論的唐代隱逸風氣是功利的，知識份子的隱逸山林，雖不乏慢世逃名，放情肆志，逍遙山泉且無意於出仕的人，但更多「身在江湖之上，心遊魏闕之下，託薜蘿以射利，假巖壑以釣名，退無肥遁之貞，進乏濟時之具」者。〔註1〕以致「假隱」成了唐代知識份子隱逸的時代特色，對於這方面的研究，目前專論方面只有隱逸風氣形成的探討，〔註2〕其餘散見於文學作品欣賞及思想、文化的分析，對於唐代士人隱逸的目的、動機、原因的探討尚付諸闕如。而在《舊唐書》、《新唐書》及《唐才子傳》，《唐詩紀事》等史料中，也可以發現實際上，史料也只是就隱逸的事實來陳述，並沒有刻意去分辨傳主的眞隱、假隱。個人一直以爲「人」是獨立思考的生物，尤其對一個知識份子而言，思想的層面往往較其它人複雜，故唐代士人之隱究爲眞隱、假隱，絕不是一概而論的，只是肯定了的浮薄尚利，對眞心隱逸的人未免不公平，

〔註1〕見《舊唐書》卷一九二〈隱逸傳〉序，頁5114～5115。
〔註2〕參見劉翔飛，民國67年碩士論文《唐人隱逸風氣及其影響》。

以致想整理自孔子以來，儒道二家對於「隱」的內涵、態度、標準來作為衡量一個隱者內心、行為的準則，盼能以此分辨唐人隱逸行為的真情假意。是假意，則印證了唐代浮薄士風；若是真隱，則肯定了唐人隱逸動機的複雜。

士人的仕與隱既是先秦以來便已存在的衝突，知識份子所秉持的態度就成了很重要的問題，這一點，儒家的傳統立場是：

> 篤信好學，守死善道，危邦不入，亂邦不居。天下有道則見，無道
> 則隱。邦有道，貧且賤焉，恥也；邦無道，富且貴焉，恥也。〔註3〕

這樣的隱是有道德標準、有原則的，士人以為無道之邦服務為恥，並且沒有功利色彩：

> 仕非為貧也。〔註4〕

所以，一個以道自尊的知識份子，在去就之間，要：

> 得志，澤加於民；不得志，修身見於世。窮則獨善其身，達則兼善
> 天下。〔註5〕

得意時要一展所長，兼善天下，不得志，不能以道事君時，只有「隱居以求其志」，〔註6〕守道而退，這是一種守道求真志的隱居。而且隱居時，士人身上仍背負著「美俗」的功能：

> 儒者在本朝則美政，在下位則美俗。〔註7〕

> 彼大儒者，雖隱於窮閭漏屋，無置錐之地，而王公不能與之爭名。
>
> 〔註8〕

可見儒家可以因不滿現實政治的無道而退隱，但仍堅守化民成俗的社會責任與功能。

而道家仕隱的態度，基本上是避世的，所謂的「出仕」根本就違反其思想原則，因為道家者流追求個人養生適性與逍遙而隱：

> 道之真以治身，其緒餘以為國家，其土苴以治天下。由此觀之，帝

〔註3〕 語見論語，泰伯篇。頁112。（臺北：啟明書局印行《語譯廣解四書讀本》宋，朱熹集註 蔣伯潛廣解）。

〔註4〕 《孟子》萬章下，頁247。（臺北：啟明書局印行《語譯廣解四書讀本》宋，朱熹集註，蔣伯潛廣解）。

〔註5〕 《孟子》盡心篇，頁315。（同註4引書）

〔註6〕 《論語》季氏篇，頁257。（同註4引書）

〔註7〕 《荀子》儒效篇，頁265。（臺北：藝文印書館印行，民國66年2月4版《荀子集解》王先謙撰）。

〔註8〕 《荀子》，儒效篇，頁262。（同註7引書）

> 王之功，聖人之餘事也；非所以完身養生也。今世俗之君子，多危
> 身棄生以殉物，豈不悲哉！〔註9〕

《莊子》一書記載了不少隱逸人物的故事，他們都成爲後世隱逸的典範，如許由、伯夷、叔齊等，是大家耳熟能詳的人物，如善卷：

> 舜以天下讓善卷，善卷曰：余立於宇宙之中，冬日衣皮毛，夏日衣
> 葛絺；春耕種，形足以勞動；秋收斂，身足以修食；日出而作，日
> 入而息，逍遙於天地之間而心意自得。吾何以天下爲哉！悲夫，子
> 之不知余也。遂不受。於是去而入深山，莫知其處。〔註10〕

則點出了道者逍遙自適，不貪辭爵的處世態度，而莊子本人則是：

> 千金，重利；卿相，尊位也。子獨不見郊祭之犧牲乎？養食之數歲，
> 衣以文繡，以入太廟。當是之時，雖欲爲孤豚，豈可得乎？子亟去，
> 無污我。我寧游戲污瀆之中自快，無爲有國者所羈，終身不仕，以
> 快吾志。〔註11〕

不貪重利尊位，爲求自適逍遙而隱，莊子也算是實踐了自己的論點。於是綜合上述道家「身隱」的內涵，可以歸納出：逍遙自適、養生保眞、全身避辱、不貪利位、清靜無爲等幾個重點，而這樣的主張也正是秦漢之後隱者的行爲典範。

　　基本上，秦漢以後士人隱逸動機不外乎儒道二家，若有變化，便是《梁書・處士列傳序》（卷五十一）所謂：

> 託仕監門，寄臣柱下，居易而以求其志，處汙而不愧其色，此所謂
> 大隱隱於市朝。〔註12〕

前人之隱，肯定的是隱於山林之間，而南朝士人之隱則不脫離人群，甚至肯定只要內心平靜，無出仕之意，雖處汙也無愧色。這是中國隱逸思想上的大轉彎。隱逸原本是遠離人群的逍遙自適，如今不必離開人群也可以隱，自然消除了士人內心仕、隱兩極的衝突、緊張，但也爲那些有心藉「隱」以致清

〔註9〕　《莊子》，讓王篇，頁326。（臺北：三民書局），民國77年3月8版《新譯莊
　　　　子讀本》黃錦鋐註譯）。
〔註10〕　《莊子》，讓王篇，頁324。（同註9引書）
〔註11〕　《史記》卷六十三，老子韓非列傳，頁2145。（臺北：新象書店，漢・司馬遷
　　　　撰，民國74年3月修訂版。）
〔註12〕　語出《梁書》卷五十一，頁731。（臺北：鼎文書局，唐・姚思廉撰，民國64
　　　　年1月臺一版）。

望，藉隱以求利祿之人找到了藉口──雖身在魏闕，亦心存放逸之心。試問在這種心態下，如何達到儒家「兼善天下」的理想？又如何能當一個盡責愛民的官吏呢？像這樣沒有原則的「心隱」，便不足以構成眞隱的條件。

其實眞隱與假隱撇開道德、立場、原則不談，在士人內心最現實的壓力莫過於「人性」。拋不拋得開功名利祿，忍不忍得了窮苦和寂寞，都是決定眞假的因素，隱居了數十年，還是要出仕的，就是沒通過「功名」一關的考驗；爲了要吃飯，以祿代耕也算不上絕對眞隱，只是其中包含的無奈是令人同情的。

今以元人辛文房所撰之《唐才子傳》全書所收三百九十八人爲主，併採《舊唐書》、《新唐書》之文苑、文藝、隱逸、方伎等列傳人物，去其重覆者，共得五百八十四人之傳記，參考《唐詩紀事》、《太平廣記》及《唐摭言》等唐人之筆記小說、方志等傳記資料，去其荒誕迷信與過於簡略，不足以觀其人一生梗概者，得有隱逸實跡可考者共一九五人，其中僧道之屬，亦搜羅在內，這是因爲唐代統治者多有禮遇這類人的記載，而這類人也往往是知識份子，亦有以隱求仕或參加科考的紀錄，因而這些人對於唐人隱逸風氣的助長當然要負些責任。復就此一九五人，依其隱居之時間、地點、原因、動機、目的或結果等事實作分類標準，共得十一類，按其隱逸動機強弱程度分類，其一爲栖逸山林，無心仕進的眞隱者；其二爲可以仕則仕，可以止則止的儒家之隱；三爲皇親貴戚之屬；四爲以隱入召且就官者；其五爲登第後又不務進取的矛盾隱者，六爲仕而後隱者；七爲早年讀書山林者；八爲累舉不第的失意隱者；九爲沽名釣譽，別有所圖的隱逸；十爲以祿代耕的吏隱者；十一爲避亂之隱。章節的安排亦配合第一章之背景因素分先後，將於下一節開始分別敘述之，希望能在前述眞隱條件的比對下，得到假隱者的共通特色與準則，並呈現唐人隱逸面貌的多樣化。使假隱者現形，眞隱者得到較客觀公平的看待，不必隱於唐人浮薄、功利的士風之下。

第二節　栖逸山林、無心仕進之隱

這一類隱者的共通特色是終其一生皆以山林爲志，雖偶或被薦徵於朝，皆不就，至多數日即疾辭還歸舊隱，可以說是無心功名利祿，不貪競進的一批人，於一九五人中共得十八人，茲述其一生行逕，以便於排比歸納，呈現其共通的特色。

孫思邈　周宣帝時，以王室多故，隱居太白山。隋文帝徵之，稱疾不起。
　　　　太宗將授爵位，辭不受，高宗召見，拜諫議大臣，又辭不受。（摘
　　　　自《新唐書》卷一九六·頁 5596，〈隱逸傳〉）

王遠知　少聰敏，博綜群書，入茅山，師事陶弘景，宗道先生臧兢。預
　　　　言太宗為天子，及登極，欲加重位，固請還山。貞觀九年，敕
　　　　於茅山置「太受觀」，并度道士二十七人。卒年一百二十六歲，
　　　　高武二朝皆有追贈諡號。（摘自《新唐書》卷二○四，頁 5803，
　　　　〈方伎傳〉）

崔　曙　少孤貧，不應薦辟，刻苦讀書，隱居少室山中。（摘自《唐才子
　　　　傳校正》卷二，頁 39）

劉方平　隱居潁陽大谷，尚高不仕。汧國公李勉欲薦於朝，不忍屈，辭
　　　　還舊隱。（摘自《唐才子傳校正》卷三，頁 81）

靈　一　童子出家，隱麻源第三谷中，結茅讀書。後白業精進，從學者四
　　　　方而至矣。後順寂於岑山。（摘自《唐才子傳校正》卷三，頁 75）

潘師正　居嵩山逍遙谷積二十餘年，高宗召見，敕造崇唐觀予師正居，
　　　　永淳元年卒，年九十八。（摘自《舊唐書》卷一九二，頁 5126
　　　　〈隱逸傳〉）

神　秀　少遍覽經史，隋末出家為僧，師事弘忍。弘忍卒，往居荊州當
　　　　陽山，則天聞之，追赴都，肩輿上殿，親加跪禮，敕當陽山置
　　　　度門寺，以旌其德。（摘自《舊唐書》卷一九一，頁 5109，〈方
　　　　伎傳〉）

李元愷　博學，性恭順，口未嘗言人之過，宋璟欲薦舉之，拒而不答，
　　　　人有所贈，皆義不受無妄之財。（摘自《新唐書》卷一九六，頁
　　　　5601，〈隱逸傳〉）

衛大經　篤學善易，卓然高行，則天詔徵之，辭疾不赴。（摘自《新唐書》
　　　　卷一九六·其 5601，〈隱逸傳〉）

張　果　則天時，隱於中條山，屢召不赴。後受玄宗召，肩輿入宮，預
　　　　知玄宗欲尚公主，固辭，不奉詔，請歸恆山。（摘自《舊唐書》
　　　　卷一九一，頁 5106。〈方伎傳〉）

盧　鴻　博學善書籍，廬嵩山，玄宗屢召，至開元五年赴東京，欲拜諫
　　　　議大夫，又固辭，放還山，恩禮殊渥。（摘自《新唐書》卷一九

六，頁 5603，〈隱逸傳〉

司馬承禎　嘗遍遊名山，止於天台山。則天召而讚美之，後還山。景雲
　　　　二年睿宗引入宮，固辭還山，開元九年，玄宗迎入京，親受法
　　　　籙十年，請還天台山。開元十五年又召至都，並令承禎於王屋
　　　　山自選形勝，置壇室以居，是年卒於王屋山。（摘自《舊唐書》
　　　　卷一九二，頁 5127，〈隱逸傳〉）

朱桃椎　澹泊無為，隱居不仕，凡所贈遺，一無所受，亦終不與人接，
　　　　蜀人以為美談。（摘自《太平廣記》卷二〇二，頁 1526）

皎　然　初入道，肄業杼山，與靈徹、陸羽同居妙喜寺，一時名公，俱
　　　　相友善。（摘自《唐才子傳校正》卷四，頁 121）

徐　凝　潛心詩酒，老病且貧，意泊無惱，優悠自終。（摘自《唐才子傳
　　　　校正》卷六，頁 179）

盧　中　居玉笥山二十寒暑，後來遊瀟、湘與齊己、顧栖蟾等為詩友，
　　　　甚受敬重。（摘自《唐才子傳校正》卷八，頁 258）

齊　己　長沙人，為大溈山寺牧，耆夙共推入戒，風度日改，聲價益隆，
　　　　性放逸，不滯土木形骸，頗任琴樽之好。（摘自《唐才子傳校正》
　　　　卷九，頁 283）

周　朴　嵩山隱者，工詩，取重當時，本無奪名競利之心，特以道尊德
　　　　貴，美價益超耳。乾符中，為黃巢所得，以不屈，竟及於禍。（摘
　　　　自《唐才子傳校正》卷九，頁 273）

　　概括十八人之隱逸，可以看到在唐代文人中，的確有從行動上歸隱山林，
超然物外的真隱士，它們一心出世，安貧樂道，逃丘園而不返，樂山林而忘
憂，不僅世人常高其風，甚至帝王也屢屢徵召。只是這些隱士志不在競進，
自然不入彀中了。十八人中，僧道之屬即占了十人之多，既是方外人士，自
然是高栖山林，忘情物外的。他們由傳記中所呈現的際遇，也往往是有清譽
的，加之帝王尊寵優渥，總是「肩輿上殿」、「親加跪禮」或「親受法籙」，還
山之餘，還敕建道觀廟寺予之居處，不免令天下有心人士或隱賢欲與之交，
像神秀在經過武則天的優厚禮遇之後：

　　時王公以下及京都士庶，聞風爭來謁見，望塵拜伏，日以萬數。〔註13〕

在上位者的特別禮遇，難免造成有心人士的追隨、傚效，故而不能抹滅與之

───────────────
〔註13〕神秀事見《舊唐書》卷一九一，頁 5109，〈方伎傳〉。

友善者別有居心的企圖，但基本上，我們肯定宗教有淨化人心，給予人們心靈安定的功效，唐朝廷的徵召方外之士，雖是帝王本身的信仰因素，但禮遇有加的示範，卻助長了宗教——尤以佛、道二教對社會深具影響力，對於隱逸風氣的助長，自然是不可以小看的力量。而就另一角度而言，宗教洗滌人的內心，在求仕之路遭遇挫折之後，宗教可以提供一個安置痛苦的心靈慰藉，未始不是帝王有意要士人在出仕之外，另謀一條安身立命的地方，以舒緩日益嚴重的科舉壓力。

這批僧道之流，皆非粗識文字而已，尤其佛門僧人共五人，皆是學問僧，自然從之者眾：

道人靈一　居若耶溪雲門寺，從學者四方而至矣。〔註14〕

神　秀　望塵拜伏者，日以萬數。（引同註13）

皎然上人　一時名公，俱相友善。〔註15〕

虛　中　與齊己、顧栖蟾等爲詩友。〔註16〕

齊　己　曹松、方干、皆己良契。〔註17〕

加之皆爲栖逸山林之屬、方外之人，就更爲人所敬重了，文人雅士爭從之，並不奇怪，司空圖在歸隱後收到虛中的一首贈詩，竟喜不自勝的《言懷》：

　　十年華嶽山前住，只得虛中一首詩。〔註18〕

司空圖是以告老歸隱、卻歸閉門而受當代人的景仰悽懷，他可以只得到虛中的一首詩而欣喜不已，可見虛中的見重當世。

至於道教中人，也莫不屢召屢辭，有清望於世人，自然也是眞隱士。其餘八人，考諸其傳，都有不圖仕進的敘述，以道家逍遙自適、清靜不競的標準來衡量，都是合格的隱者，行迤雖有殊異，大抵不離準則。較特別的是朱桃椎，不但隱於山林，而且隱於人外，不與人交，澹泊無爲的行迤，頗有古風。可惜的是周朴，辛文房在《唐才子傳》中說他無奪名競利之心，本當足以保身而長年，卻因「盜跖不仁，竟嚼虎口。」〔註19〕而未能保身養生，據《唐詩紀事》所述：

〔註14〕見《唐才子傳校正》卷三，頁75。

〔註15〕見《唐才子傳校正》卷四，頁120。

〔註16〕見《唐才子傳校正》卷八，頁258。

〔註17〕見《唐才子傳校正》卷九，頁283。

〔註18〕詩見《唐才子傳校正》卷八，頁259所引。

〔註19〕見《唐才子傳校正》卷九，頁274。

　　黃巢至福州，求得朴，問曰：能從我乎？答曰：我尚不仕天子，安
　　能從賊？巢怒，斬之。（卷七一，頁1056）

不免讓人嘆息，在亂世之中，即使是不務仕進，放跡山林的隱者亦不一定能
保全身。

　　綜合十八人之傳述，除僧道之屬有宗教上的教義、主張須遵守，因而居
於山水林泉成爲必然之外，其餘士人之隱，大抵不外於道家之隱──將自身
置於仕進之外，以求逍遙自適也，即使有出仕的機會來臨，仍不改其初志。
只是爲數不多，這就毋怪論者一談及唐代士風，總喜以假隱、尚功利、貪競
進等語概括言之，眞隱者因無法彰顯於此風氣之上，以致屢被屏而不論。要
強調的是這一類人沒有爭名逐祿的經驗，故與那些因不遇、因宦途蹭蹬而大
徹大悟於宗教、隱逸者是有分別的。

第三節　可以仕則仕，可以止則止

　　這是一組進退頗見原則的隱士，於一九五人中占有七位，數量不多，卻
可以體現儒家所謂「有道則見，無道則隱」仕隱原則，古代隱士的理想際遇
自然是隱居待時，一出即爲王者師，所以孟子肯定「可以仕則仕，可以隱則
隱」的出處原則，〔註20〕只是須以「道」爲依據，天下無道，士人自然要「隱
居以求其志」，〔註21〕守道而退了。

　　茲將此七人之傳摘錄於下：

張　登　剛潔介特。不趨和從俗，循性屬詞，發爲英華；秉直好靜，居
　　　　多隱約，始以中褐辟，歷衛佐、延尉平、監察獄史。罷去家居，
　　　　以薦延改河南士曹椽，遷殿中侍御史，潭州刺史、退居告老。
　　　　後以坐事受誣，胸臆約結，疾卒。（摘錄自《唐才子傳校正》頁
　　　　145；《權載之文集》卷三三，〈唐故漳州刺史張君集序〉文內容）。

薛　戎　少有學術，不求聞達，居於毗陵之陽羨山。四十餘歲，不易其
　　　　操。李衡遣使者三返，始應辟從事，後齊映代衡職，仍留其職。
　　　　以府罷靈山。後柳冕又表爲從事，以節操不曲於罪，遂與冕有
　　　　隙，辭職寓居於江湖間。閻濟美奏充副使，所歷官職皆以政績

〔註20〕《孟子・公孫丑》上，頁72。（臺北：啓明書局，語解廣義四書讀本）
〔註21〕《論語・季氏》，頁257。（臺北：啓明書局，語解廣義四書讀本）

聞。（摘自《舊唐書》卷一五五，頁 4125）

王　龜　性高簡，博知書傳，無貴冑氣。構半隱亭以自適，侍父至河中，
　　　　廬中條山，朔望一歸省，州人號「郎君谷」。
　　　　武宗雅知之，以左拾遺召，陳病不任。後終喪父，召爲右補闕。
　　　　再擢屯田員外郎，稱疾去。爲崔嶼之副，後爲官皆有專政、人
　　　　聞其至，歡迎之。卒贈工部尙書。（摘自《新唐書》卷一六七，
　　　　頁 5119）

石　洪　有至行，舉明經，爲黃州錄事參軍，罷歸東都，十餘年隱居不
　　　　出。公卿數薦，皆不答。
　　　　烏重胤鎮河陽，求賢者以自重，或薦洪，洪以重胤知已，欣然
　　　　戒行。（摘自《新唐書》卷一七一，頁 5188 至 5189）

馬　炫　少以儒學聞，隱居蘇門山，不應辟召。至德中，應李光弼之辟，
　　　　光弼甚重之。累官。
　　　　建中初以清白聞，徵拜太子右庶子，遷左散騎常侍。（摘自《舊
　　　　唐書》卷一三四，頁 3702）

孔巢父　孔子三十七世孫。少力學，與韓準、裴政、李白、張叔明、陶
　　　　沔隱於徂徠山，號「竹溪六逸」。
　　　　不應永王璘之辟，以是知名而輾轉宦途。後爲河中節度使李懷
　　　　先所害。（摘自《舊唐書》卷一五四，頁 4095）

陸　羽　不知所生，爲僧得之於水濱而養。及長，恥從削髮，以易自筮，
　　　　得「陸羽」之名。性詼諧，結廬照苕溪上閉門讀書，自稱桑苧
　　　　翁。有詔拜太子文學，徙太常寺太祝，不就。鮑防在越時，陸
　　　　羽往依。（摘自《唐才子傳校正》卷三，頁 87）

　　這七位隱士在傳記中予人共通的印象可以看到「進退」原則，他們都博
知書傳，有爲官的條件，卻不一定有官就做，因爲「仕非爲貧」也，故而此
類隱者便展現了令人欽敬的儒者節操。如薛戎隱居不求聞達，至四十餘歲，
始應江西觀察使李衡之辟，觀其所歷，皆剛正，有政績，《舊唐書》傳末云：

　　　戎檢身處約，不務虛名。俸入之餘，散於宗族。自歿之後，人無譏
　　　焉。〔註 22〕

觀其出處，不正符合「窮則獨善其身，達則兼善天下」的儒道乎？

─────────────

〔註 22〕語見《舊唐書》卷一五五，4125，薛戎本傳。

又如石洪，傳記說他有至行，以參軍罷歸，隱十餘年皆不出，竟肯應烏重胤之辟，引重胤為知己，欣然就辟，除了「所待者時」，在可一展抱負之時才出仕外，其間所流露之俠氣，有「士為知己者死」的氣慨。而陸羽，捨太子文學，太常寺太祝的官員不就，偏偏往依鮑防，皇甫冉與之善，臨行贈序曰：

> 君子究孔、釋之名理，窮歌詩之麗則。遠墅孤島，通舟必行；魚梁釣磯，隨意而往。夫越地稱山水之鄉，轅門當節鉞之重。鮑侯知子
> 愛子者，將解衣推食，豈徒嘗鏡水之魚，宿耶溪之月而已！〔註23〕

也有相同的態度，可在見其出處有節操之外，也感染到唐人的豪邁之氣。

最後，要肯定的是這批文士的真隱，因為考其人之傳，未嘗有疵言，七位隱者出仕、歸隱皆儼然有序，當時機或知己出現時，才應辟召而仕；等到時機、狀況改變，不再能一展抱負時，他們又能平靜的引退，並無貪競之譏，做什麼，像什麼，寧願選擇可以有所作為的環境居之，也不要像那些以隱入召，卻又無事可做的閒官一般，徒然配合主政者去上演一場又一場「無心仕進，志在棲逸」的政治戲，空有官銜，而無實際職務來達成「兼善天下」的理想。他們同樣以隱出仕，卻更能盡忠職守，比起同樣以隱得官，卻刻意放逸行逕，不肯認真職務的假隱者恐怕是要高明多了。

第四節　皇親貴戚之隱

在資料中有兩個出身皇親貴族的隱者，為了突顯他們的特殊之處，於是別立一節敘述之，用以說明當時的社會現象。

武攸緒　則天兄之子也，恬淡寡欲，少變姓名，賣卜長安市，後更授太子通事舍人，累官至鴻臚少卿，后革命，封安平郡王，從封中岳，固辭官，願隱居。后疑其詐，許之，觀其所為，其盤桓龍門、少室間，冬蔽茅椒，夏居石室，所賜皆不御也。（摘自《新唐書》卷一九六，頁 5602，〈隱逸傳〉）

劉得仁　公主之子也，長慶間以詩名，開成至大中三朝，昆弟以貴戚，皆擢顯仕，得仁獨苦工文，嘗立志，必不獲科第不願儋人之爵也。出入舉場二十年，竟無所成，投跡幽隱，未嘗耿耿。（摘自

〔註23〕引自《唐才子傳校正》卷三，頁 87。

《唐才子傳校正》卷六，頁 194）

二人都是外戚，只是一個在兩唐書有傳，一個無傳，兩人都有顯赫的家世，尤武攸緒，能在諸武皆用事的局勢中，獨固辭官，隱居以求其志，所賜金銀鏹帛、野服、王公所遺鹿裘、素障、癭杯、塵皆流積，不去使用。並且在中宗、安樂公主召之時，都固辭還山。後來諸韋誅，武氏連禍，只有武攸緒得以身免，並且被睿王召拜爲太子賓客，但武攸緒仍不就召。等到譙王重福之亂，攸緒被誣告了一通，遣回嵩山舊居，令縣令存問。觀武攸緒其人，雖有爲顯仕的大好機會，卻固辭不出，且從則天時隱居到過世爲止，〔註 24〕我們不能不說他是個眞正放逸山林的隱者，《新唐書》將之收入〈隱逸傳〉是有理由的。

其次再看劉得仁，出身公主之子，並且以詩聞名於長慶年間，在昆弟都被擢爲顯仕時，獨有得仁想不藉身份考個功名，可惜時運不濟，連考了二十年都無所成，他最後的選擇和一般文士相同，是投跡幽隱，不汲汲於官貴，《唐才子傳》說他是「王孫公子中，千載求一人，不可得也。」〔註 25〕

久不第對一般士人而言，縱然恃才傲物者也只有大嘆時運不濟，登科無望；但對一個根本不需要考試就有官可做的王孫貴戚而言，科考的不如意，二十年的失敗〔註 26〕恐怕還要再加上一層「王孫貴族養尊處優，不肯好好用功，考不上原是必然」的社會壓力。故而說他「投跡幽隱，未嘗耿耿」，（《唐才子傳校正》卷六，頁 194），恐怕不完全對，試看其詩：

> 莫説春闈事，清宵且共吟。
> 頻年遺我輩，何日遇知音。
> 通曙天傾斗，將寒葉墜林。
> 無將簪紱意，祇損壯夫心。〔註 27〕

進士及第對劉得仁而言，不是仕宦途徑，因爲他有更簡便的方式，但他卻投入了二十（或三十）年的歲月與精神在上面，可見唐代的科舉不光是寒士汲汲參與追求，連高門子弟也會不以進士而仕，終不爲美，「進士科」在唐代士

〔註 24〕武攸緒傳見《新唐書》卷一九六，頁 5602，〈隱逸傳〉，《舊唐書》卷一八三，頁 4740，〈外戚傳〉。

〔註 25〕句見《唐才子傳校正》卷六，頁 194。

〔註 26〕《唐才子傳校正》云二十年。《全唐詩》卷五四四，頁 6280 上之劉得仁小傳則曰：「得仁出入舉場三十年，卒無成。」

〔註 27〕見《全唐詩》卷五四四，劉得仁集，冊 16，頁 6280〈秋夜喜友人宿〉詩。

人眼中，自具其魅力。

　　基本上二人隱逸動機不相同，武攸緒之隱大約個性不喜歡競進的成分居多，他一直未出仕，可見志不在此，否則他就不會任機會一再從身邊溜走。而劉得仁，投身科考二十年不第，其內心的失意是深沉的，卻不至有太大的仕隱衝突，他們二人的隱逸行為共同的說明了當代的社會風氣如此，即使連王孫貴戚也免不了要加入其中，於是社會風尚引導他們走向隱逸，而他們的隱逸也起了示範作用，讓當時或後來的士人對隱逸一事更心嚮往。

第三章　眞隱與假隱的交集類別

　　眞隱與假隱其實不可能斷然作絕對的二分，在依特徵與事實作分類時，發現其中有交集。此章乃就類別之中，兼有眞假隱，必須按情況分辨者別立一章，共三節。其一乃以引入召且就官者；其二爲登第後卻又不務進取者；其三爲仕而後隱者。這三類隱逸皆有眞有假，須按個別之傳記來判斷傳主是否別有所圖，茲分述如下。

第一節　以隱入召且就官者

　　在朝廷社會，朝廷以種種原因十分敬重隱者賢人，幾乎每位皇帝都有徵召幽隱的事跡，以致因隱而入仕朝廷者，爲數不少。故特別列爲一類在《新·舊唐書》、《唐才子傳》中共得二十五人。

李　泌　常游嵩、華、終南間，慕神仙不死術。天寶間待詔翰林，楊國忠忌之，因隱居穎陽。肅宗時獲大用，爲李輔國所疾，去隱衡山。（摘自《舊唐書》卷一三〇，頁 3620）

葉法善　自僧祖三代爲道士，歷高、則天、中宗五十年，往來名山，數召入禁中，盡禮問道，睿宗時拜鴻臚卿，封越國公，仍爲道士，止於京師之景龍觀。（摘自《舊唐書》卷一九一，頁 5107，〈方伎傳〉）

李淳風　幼爽秀，通群書，貞觀初制渾天儀，詆摭前世得失，擢承務郎，遷太常博士，改太史丞，與諸儒修書，遷爲太史令。（摘自《新唐書》卷二〇四，頁 5798，〈方伎傳〉）

薛　頤　大業中為道士，武德初，直追秦府，密言秦王當有天下。貞觀
　　　　中，又上表請為道士，太宗為置紫府觀於九嵕山，拜頤中大夫，
　　　　行紫府觀主事。（摘自《舊唐書》卷一九一，頁 5089，〈方伎傳〉）

劉道合　初與潘師正隱於嵩山，高宗聞其名，召入宮中，又令於隱所置
　　　　太一觀以居之，前後賞賜皆散施貧乏，高宗令合還丹，丹成上
　　　　之。咸亨中卒。（摘自《舊唐書》卷一九二，頁 5127，〈隱逸傳〉）

桑道茂　大曆中遊京師，言事無不中。代宗召入禁中，待詔翰林。（摘自
　　　　《舊唐書》卷一九一，頁 5113，〈方伎傳〉）

尚獻甫　初出家為道士，為則天所召見，起家拜太史令，固辭，乃改為
　　　　渾儀監。（摘自《舊唐書》卷一九一，頁 5100，〈方伎傳〉）

王希夷　父母終，隱於嵩山，師道士黃頤。頤卒，更居兗州徂徠山。開
　　　　元十四年，玄宗下制封朝散大夫，守國子博士，聽致仕還山。
　　　　尋壽終。（摘自《舊唐書》卷一九二，頁 5121；《新唐書》卷一
　　　　九六，頁 5600，〈隱逸傳〉）

王友貞　長安中，歷任長水令，後罷歸田里。中宗召為司議郎，不就。
　　　　神龍初，詔褒之，賜太子中舍人員外置，給全祿以畢其身，任
　　　　其在家修道。（摘自《舊唐書》卷一九二，頁 5118；《新唐書》
　　　　卷一九六，頁 5600，〈隱逸傳〉）

白履忠　博涉文史，隱居於古大梁城，景雲中徵拜校書郎，尋棄官而歸，
　　　　開元十七年詔封朝散大夫。（摘自《舊唐書》卷一九二，頁 5124
　　　　〈隱逸傳〉《新唐書》卷一九六，頁 5603，〈隱逸傳〉）

史德義　咸亨初，隱居武丘山，以琴書自適，高宗聞其名，徵赴洛陽，
　　　　尋稱疾東歸。天授初，周興表薦之，則天徵赴都，為朝散大夫。
　　　　後周興伏誅，德義坐為所薦免官，以朝散大夫放歸丘壑，自此
　　　　聲譽稍滅於隱居之前。（摘自《舊唐書》卷一九二，頁 5117，〈隱
　　　　逸傳〉）

溫　造　自負節概，不喜試吏，隱居王屋山，壽州刺史張建封聞風致書
　　　　幣招延，造欣然徙家從之，為官耿介直言，不顧貴勢，於晚年
　　　　積聚財貨，一無散失，時頗譏之。（摘自《舊唐書》卷一六五，
　　　　頁 4314）

田遊巖　初補太學生，後罷歸，遊於太白山，後入箕山。調露中，高宗

　　　　　幸嵩山，將遊巖就行宮，并家口給傳乘赴都，授崇文館學士。
　　　　　文明中，進授朝散大夫，拜太子洗馬，垂拱初，坐與裴炎結交，
　　　　　特放還山。（摘自《舊唐書》卷一九二，〈隱逸傳〉，頁 5117）

尹元凱　坐事免官，乃棲遲山林，不求仕進垂三十年，又召爲右補闕，
　　　　　卒於并州司馬。（摘自《舊唐書》卷一九○，頁 5027，〈文苑中〉）

孔述睿　與兄、弟俱隱於嵩山。大曆中，代宗徵之，轉歷官任，述
　　　　　睿每加恩師命，暫至朝廷謝恩，旬日即辭疾，卻歸舊隱。德宗立，
　　　　　又禮聘之，懇辭不獲，方就職，貞元九年以疾再三上表，請罷
　　　　　官，方獲允許。（摘自《舊唐書》卷一九二，〈隱逸傳〉，頁 5130）

陸希聲　初隱義興，久之，召爲右拾遺，在位無所輕重，以太子少師罷。
　　　　　（摘自《新唐書》卷一一六，頁 4238）

崔　覲　以儒自業，老無子，以宅財貨分奴婢，自與妻隱城固南山。節
　　　　　度使鄭餘慶辟爲參謀，敦趣就職，不曉吏事，鄭以長者，優容
　　　　　之。文宗時，詔以起居郎，辭疾不至。（摘自《新唐書》卷一九
　　　　　六，頁 5612，〈隱逸傳〉）

崔元翰　擢明經甲科，補湖城主薄，以母喪，遂不仕。隱共北白鹿山之
　　　　　陽。元翰舉進士博學宏辭、賢良方正，皆異等。義成李勉表在
　　　　　幕府，馬燧更表爲太原掌書記。召拜禮部員外郎。以性剛褊，
　　　　　不能取容於時，罷爲比部郎中。（摘自《新唐書》卷二○三，頁
　　　　　5783，〈文藝下〉）

徐仁紀　聖曆中徵拜左拾遺，三上書論得失，不納，遂移病鄉里。神龍
　　　　　初以其行可激俗，又徵拜左補闕，三上書又不省，乃詣執政求
　　　　　出，俄授靈昌令。（摘自《舊唐書》卷一九二，頁 5123，〈隱逸
　　　　　傳〉）

吳　筠　舉進士不中，隱居南陽倚帝山爲道士。天寶中，玄宗遣使召至
　　　　　京師，與語甚悅，敕待詔翰林。（摘自《唐才子傳校正》卷一，
　　　　　頁 21）

李　渤　不肯仕，與仲兄偕隱廬山，久之，更徙少室。元和初，以右拾
　　　　　遺召，不拜，韓愈以書致之，始出家東都，輾轉宦途，大和中
　　　　　召拜太子賓客，卒。（摘自《新唐書》卷一一八，頁 4281）

一　行　少聰敏，博覽經史，武三思慕其學行，請與結交，一行逃匿以

避之，尋出家爲僧，隱於嵩山。睿宗以禮徵，不應命。玄宗開
元五年強起之，一行至京，置於光太殿，諫諍切直，無有所隱。
（摘自《舊唐書》卷一九一，頁 5111，〈方伎傳〉）

呂　　向　　少孤，託外祖母隱陸渾山，後召人翰林，宦途平坦，眷賚良異。
（摘自《新唐書》卷二○二，頁 5758，〈文藝中〉）

陽　　城　　及第進士，隱中條山，李泌薦爲著作郎，尋遷諫議大夫，居官
盡職守。（摘自《舊唐書》卷一九二，頁 5132。〈隱逸傳〉）

李季蘭　　名冶，以宇行，女道士也，時往來剡中，與山人陸羽、上人皎
然意甚相得，天寶間，玄宗聞其詩才，詔赴闕，留宮中月餘，
優賜甚厚，遣歸故山。（摘自《唐才子傳校正》卷二，頁 45）

　　這批人的共通特點是皆以隱入召，又大多能全身而退，在唐代功利的時
代風氣下，官場中想保全身又不失意，是難得的，故別列一類。其中最爲著
名的，是李泌。傳云其「操尚不羈，恥隨常格仕進，而遊於崧、華、終南間，
慕神仙不死術。」於天寶中，自嵩山上書玄宗而待詔翰林。此時卻因楊國忠
的忌其才辯，欲陷害之而逃遁入名山，以晢隱自適，安史之亂爆發後，肅宗
即位靈武，李泌又主動向肅宗陳述定亂恢復的方略，但在肅宗欲委以高官厚
祿時，他辭謝了，只願以賓客身分參與朝廷決策，肅宗動皆顧問。傳云：

泌稱山人，固辭官秩，持以散官寵之。解褐拜銀青光祿大夫，俾掌
樞務。（《舊唐書》卷一百三十）

沒想到此又遭宦官李輔國的嫉妒，爲了避禍，他只好又逃入衡山。代宗時召
爲翰林學士，頗承恩遇，旋又爲元載所惡，充江南西道判官。等元載誅，乃
馳傳入謁，上見悅之。卻再爲宰相常袞所忌，出爲楚州刺史。直至德宗時，
才以惡巫祝怪誕之士而遭抑止。

　　綜觀李泌一生，眞是要用「複雜」二字形容，他歷任玄、肅、代、德四
朝，是有名之隱士，也是縱橫之士，不待皇帝主動召聘，而自行上書謁見；
爲人頗有謹直之風，卻又好談神仙詭道；因未經科考，不是進士出身而致相
位，自然要爲時所輕，竟屢爲權貴所忌，幾度出仕，幾度潛遁，可以看出他
明明有競進之企圖，卻又在肅宗欲委以重任時，只願以賓客參與決策，就儒
家觀點看，「不在其位不謀其政」，〔註1〕李泌不肯就職，寧願突顯一己隱士的
面貌，當然違反了「正名」原則。令人敬佩的是他能多次逃脫危難，全身而

―――――――――――
〔註 1〕語見《論語·憲問篇》，頁 221。（臺北：啓明書局，語譯廣解四書讀本）

退，以一介無功名的隱士能致宰相的高位，李泌確實有才智，只是這樣出處失據，沒有原則的隱者，自然不能算是真隱。

以隱入召者，職位以李泌最高，其次是葉法善，他以方外人士就召，和共其它方外之士相比，如尚獻甫為武則天管理渾儀監；〔註2〕桑道茂待詔翰林；〔註3〕劉道合得高宗置「太一觀」為居所，並為其合還丹；〔註4〕薛頤拜為頤中大夫，行紫府觀主事；〔註5〕李淳風雖歷職頗多，終不過為太史令，是從五品的官員，〔註6〕葉法善顯然際遇好多了，他家自曾祖便三代為道士，高宗聞其名，徵詣京師，將加爵位，固辭不受而求為道士，因而留在內道場，供待甚厚。歷高宗、則天、中宗三位帝王五十年，往來山中，且時時召入禁內，盡禮問道，只是因信仰問題，頗排擠佛法。睿宗即位，於先天二年，拜鴻臚卿，封越國公，仍依舊為道士，舍景龍觀，並追贈其父為歙州刺史，寵映當世，莫與為比。〔註7〕《太平廣記》尚云：法善高宗時，入直翰林，為國子祭酒。〔註8〕須知鴻臚卿乃中央官制中從三品，掌賓客與凶儀之事的重要官職，國子祭酒亦為掌邦國儒學訓導之政令的從三品官，〔註9〕可見葉法善應召入宮，並非只得閒差，在以隱入召的方外之士中，是受到的待遇最好，也是真正做了事的一位，只是若依道家的標準。這樣優渥的際遇，恐怕不能算是真隱士了。

這批隱士中，有一組徵赴後又辭疾而還，被授予散官之職者，算是既全了隱逸心意，又順應最高當局演了一場應漢時商山四皓出佐皇儲故事的政治戲碼，如王希夷隱於嵩山、徂徠山間，在玄宗時被召至駕前，年已九十六，開元十四年，玄宗下制曰：

〔註2〕見《舊唐書》，卷一九一，頁5100，〈方伎〉，《新唐書》，卷二〇四，頁5807〈方伎〉。

〔註3〕見《舊唐書》，卷一九一，頁5113，〈方伎〉，《新唐書》，卷二〇四，頁5812，〈方伎〉。

〔註4〕見《舊唐書》，卷一九二，頁5127，〈隱逸〉，《新唐書》，卷一九六，頁5605，〈隱逸〉。

〔註5〕見《舊唐書》，卷一九一，頁5809，〈方伎〉，《新唐書》，卷二〇四，頁5805，〈方伎〉。

〔註6〕見《新唐書》，卷二〇四，頁5798，〈方伎〉。

〔註7〕見《舊唐書》，卷一九一，頁5107，〈方伎〉，《新唐書》，卷二〇四，頁5805，〈方伎〉。

〔註8〕《太平廣記》卷二十六，頁170。宋、李昉編，臺北：文史哲出版社，1981年11月。

〔註9〕參考王壽南《隋唐史》第十三章，政治制度，頁453（唐代組織表之說明）。

> 徐卅處士王希夷，絕學棄智，抱一居貞。久謝囂塵，獨往林壑。朕為
> 封巒展禮，側席旌賢，賁然來思，克應嘉召。雖紆綺季之跡。已過伏
> 生之年，宜命秩以尊儒，俾全高於尚齒。可朝散大夫，守國子博士，
> 聽致仕還山。州縣春秋致束帛酒肉，仍賜衣一副、絹一百匹。〔註10〕

朝廷至九十六歲才徵召王希夷，當然不可能委以什麼實職，而王希夷也沒什
麼機會享用散官所帶來的賞賜，沒多久就壽終了。再看看王友貞，時論以為
真君子，因為他好學，訓誨弟子如嚴君，但口不言人過，在則天朝，就因割
股飴親博得女皇的旌表。到了中宗時，召為司儀郎而不就。神龍初。又拜太
子中舍，令所司以禮徵赴，及至，卻又固以辭疾，於是皇帝只好下詔褒之：

> 敦夷、齊之行，可以激貪；尚顏、閔之道，用能勸俗。新除太子中
> 舍人王友貞，德義泉藪，人倫茂異，孝始於事親，信表於行己。富
> 有文史，廉於財貨，……宜加優秩，仍遂雅懷。可太子中舍人員外
> 置，給全祿以畢其身，任其在家修道。仍令所在州縣存問，四時送
> 祿至其住所。〔註11〕

也是得個散官外置，聽任在家修道。其它如白履忠曾於景雲中徵拜校書郎，
尋棄官而歸，玄宗朝開元十年時先是薦入閣侍讀，十七年又以學官召赴京師，
履忠皆不任職事，又詔封朝散大夫，並曰：

> 孝悌立身，靜退放俗，年過從耄，不雜風塵。盛德予聞，通班是錫，
> 豈惟旌賁山藪，實欲獎勵人倫。且遊上京，徐還故裏。〔註12〕

一樣是朝散大夫，但待遇可沒那麼好了，所以履忠回鄉後，里人吳兢笑他：

> 子素貧，不沾斗米匹帛，雖得五品亦何益？

他卻以可以寬傜役，已經不容易來回答鄉人的訕笑。這樣的一類人，可以
說不務進取，既然已由隱逸獲得朝廷眷顧回饋，又可以不必勞心職務，配
合朝廷演一場「勸俗」好戲，何樂而不為？只是這些人往往年紀已老大，
且大都在主上下詔聽仕還山之後，不久就過世。雖然不是絕對的隱居，至
少無損聲名。

〔註10〕見《舊唐書》卷一九二，頁5121，〈隱逸傳〉，《新唐書》卷一九六頁5600，〈隱
　　　　逸傳〉。
〔註11〕見《舊唐書》卷一九二，頁5118，〈隱逸傳〉，《新唐書》卷一九六，頁5600，
　　　　〈隱逸傳〉。
〔註12〕見《舊唐書》卷一九二，頁5124，〈隱逸傳〉，《新唐書》卷一九六，頁5603，
　　　　〈隱逸傳〉。

　　另有一組人，一樣以隱入召，得到閑官，並不知趣請辭，如田遊巖在睿宗時，已進授朝散大夫，拜太子洗馬。到了武后臨朝，終於因與裴炎交結，而放還山。比諸高宗朝的眷寵有加，卻頻召不出，自願爲「許由東鄰」，不免令人惋惜。〔註 13〕同時間又有史德義者，本來以騎牛帶瓢，出入廛野而召至都，俄稱疾歸。天授初，江南道宣勞使，文昌左承周興又表薦之，則天徵赴都，委以諫曹，爲朝散大夫，他也沒有引退辭歸，直到周興伏誅，才以所薦官免職，放歸丘壑，史傳說他自此聲譽稍減於隱居之前。〔註 14〕而尹元凱其人本因坐事免官而栖遲者達三十之久，卻又應詔起爲右補闕，後卒於井州司馬的任上〔註 15〕未免予人隱而又仕，不能知其所進退之感。同樣「晚節不保」者，還有溫造，其人自負節概，不喜試吏，因而隱於王屋山中，等到壽州刺史張建封聞風致書幣招延，他卻肯欣然徙家從之，爲官倒也耿介直言，到了晚年積聚財貨，一無散失，爲時所譏，也是不能保其節操。〔註 16〕以上都是早先以棲遲山林，高尚不仕而聞名一時的名公，若是能本其初衷而隱居不出，或在適當時機有所作爲，還值得欽佩，可惜他們在應朝廷之徵後，不能知進退，又沒有建樹，徒留人以清譽盡失的感嘆。

　　因隱聞名，以隱入仕的人物，多半予人無所作爲的印象，像孔述睿在幾度徵召辭還間徘徊，後以諫議大夫召，再辭不許，方就任，史傳稱其：

　　　　佳謙和退讓，與物無競，人稱長者。〔註 17〕

崔覲爲節度使辟爲參謀，卻只是「敦趣就職。不曉吏事」。〔註 18〕陸希聲隱義興，久之，召爲右拾遺。後昭宗聞其名。又召爲給事中。拜戶部侍郎、同中書門下平章事，仕途平坦順利。史書卻說他：

　　　　在位無所輕重。以太子少師罷。〔註 19〕

〔註 13〕見《舊唐書》卷一九二，頁 5117，〈隱逸傳〉，《新唐書》卷一九六，頁 5598，〈隱逸傳〉。

〔註 14〕見《舊唐書》卷一九二，頁 5117，〈隱逸傳〉，《新唐書》卷一九六，頁 5599，〈隱逸傳〉。

〔註 15〕見《舊唐書》卷一九一，頁 5027，〈文苑中〉，《新唐書》卷二○二，頁 5752，〈文藝中〉。

〔註 16〕見《舊唐書》卷一六五，頁 4314。

〔註 17〕見《舊唐書》卷一九二，頁 5130，〈隱逸傳〉，《新唐書》卷一九六，頁 5609，〈隱逸傳〉。

〔註 18〕見《舊唐書》卷一九二，頁 5612，〈隱逸傳〉，《新唐書》卷一九六，頁 5612，〈隱逸傳〉。

〔註 19〕見《新唐書》卷一一六，頁 4238。

可見「無作為」並不是憑空的評斷,入仕後沒有表現者是大有人在。當然當局不給表現機會的,也不是沒有。像徐仁紀於聖曆中徵拜左拾遺,曾三上書論得失,不見納而歸鄉里。神龍初又以其行可激俗,再度徵拜左補闕,又三上書,上仍不省,便是一例。另外,想求表現的人也不少。像吳筠以道士詔至京師。為待詔翰林,當玄宗問道,其對曰:

> 深於道者,惟老子五千言,其餘徒費紙札耳。

復問神仙治煉之術,對曰:

> 此野人之事,積歲月求之;非人主所宜留意。

且筠每陳設名教世務而已,問之則以諷詠,玄宗尤深重之。〔註 20〕雖以道士入宮,卻不似一般方士,徒以節行、卜易之屬求眷顧,反而以儒者行逕贏得玄宗的敬重。

再如李渤,《新唐書》說他是「摭古聯德高蹈者」,〔註 21〕元和初年。詔以右拾遺,不拜,韓愈以書致勉之,始出家東都。元和九年之後,累官至右補闕,以直忤旨而下遷,其後官位之升遷不計,由此已可見其耿介。確實是有心之人。而呂向因奏《美人賦》以諷玄宗歲遣使采擇天下姝好之行,帝善之,擢左拾遺,都是有作為的人。

不過,也有為求有作為,盡一己本分而煩於主上的人——陽城是個特例,《新唐書》將他收入〈卓行傳〉(卷一一九),是肯定他的盡忠職守。陽城家代為宦族,卻因家貧不能讀書而求為吏集賢院,竊院書讀之而無所不通。為了鞏固兄弟感情而終生不娶,故有清名於當時,初薦為著作郎,又遷諫議大夫,未至京師,人皆想望其風彩,曰:

> 陽城山人能自刻苦,不樂名利,今為諫官,必能以死奉職。〔註 22〕

且人咸畏憚。沒想到就任後,「諸諫官紛紜言事,細碎無不聞達」,〔註 23〕真是使德宗十分厭苦之。

最後要提到的是一個特例——李季蘭,名治,以字行。女道士也,美姿容。

〔註 20〕見《唐才子傳校正》卷一,頁 21,《舊唐書》,卷一九二,頁 5129,〈隱逸傳〉,《新唐書》卷一九六,頁 5604,〈隱逸傳〉。

〔註 21〕見《新唐書》卷一一八,頁 4281。

〔註 22〕見《舊唐書》卷一九二,頁 5132,〈隱逸傳〉,《新唐書》卷一九四,〈卓行傳〉,頁 5569。

〔註 23〕見《舊唐書》卷一九二,頁 5132,〈隱逸傳〉,《新唐書》卷一九四,〈卓行傳〉,頁 5569。

尤工格律。時往來剡中，與山人陸羽、上人皎然意甚相得。天寶間，玄宗聞其詩才而詔赴闕，留宮中月餘，優賜甚厚，而遣歸故山。《唐才子傳》說她：

上比班姬則不足，下比韓英則有餘，不以遲暮，亦一俊嫗。〔註24〕

由其傳可見出唐代皇帝徵召隱賢是普遍的，並不以文人為限，值得注意。

　　以上隱士，都有當政官或散官的經歷，他們的辟召，都是因隱而致，是否有損清望須看個人傳記而定，若說要看出假隱、真隱，個人以為，這些人一開始就沒有終身嘯傲山林的打算，所以一旦機會來臨，他們大都緊緊握住，自知「進乏濟時之具」者，在取得朝廷認同與豐厚賞賜之後便回歸舊隱；不自覺的人，當然是在時不我予之時，才被遣還山。其中雖不乏真正有心求作為者，卻大多只是閑幫襯的角色，在二十三人中，為數不多。

第二節　登第後又不務進取的矛盾之隱

　　若說要真正的隱遯，便不該務進取，還參加科考；若說要參加科舉，在及第後，本是有機會在宦途中實現抱負，卻又歸隱不仕，以下要討論的這類隱者，本身存在著矛盾，無法別歸他類，故獨立一節敘述之。在一九五位隱士中，此占十一人，茲簡述其生平：

王　績　隨大業末舉孝廉，高第，不樂在朝，以酒妨政，乃遁還故鄉。武德中詔徵以前官待詔門下省，貞觀初，以疾罷歸。追隨仲長子光，相近結廬，與之對酌，後終於家。（摘自《舊唐書》卷一九二，頁 5116，〈隱逸〉）

楊　播　楊炎父親，登進士第，隱居不仕。玄宗徵為諫議大夫，棄官就養，以孝行禎祥，表其門閭。肅宗就加散騎常侍，賜號玄靖先生。（摘自《舊唐書》卷一一八，頁 3418）

閻　防　開元二十二年及第，於終南山豐德寺，結茆茨讀書，百丈溪是其隱處，信命不務進取，以此自終。（摘自《唐才子傳校正》卷二，頁 48）

張眾甫　隱居不務進取，與皇甫御史曾友善。官府有徵辟者，卒不就。年過耳順，方脫章甫，卒於監察史任上。（摘自《唐才子傳校正》卷三，頁 82）

〔註24〕以上見《唐才子傳校正》卷二，頁 45。

寶　常　大曆十四年及進士第，不肯調，客廣陵，多所論者，隱居二十
　　　　年。鎮州王武俊奏辟不應。杜佑鎮淮南，署爲參謀，歷朗、夔、
　　　　江、撫四州刺史，國子祭酒，致仕。卒，贈越州都督。(摘自《新
　　　　唐書》卷一七五，頁 5244)

姚　係　河中人，貞元元年進士，與韋應物同時。希蹤謝、郭，終身不
　　　　言祿，祿亦不及之也，乃林棲谷隱之士。(摘自《唐才子傳校正》
　　　　卷五，頁 143)

費冠卿　登元和二年第，母卒，遂隱池州九華山。長慶中，召拜右拾遺
　　　　不赴。(摘自《唐詩紀事》卷六十，頁 908)

施肩吾　元和十五年登第，不待除授，即東歸。初讀書五行俱下，至是授
　　　　眞筌於仙長，高蹈於洪州西山。(《唐才子傳校正》卷六，頁 186)

項　斯　會昌四年進士，性疏曠，溫飽非其志。初築草廬於朝陽峰前，
　　　　交結淨者，長哦細酌達三十餘年，始官潤州丹徒縣尉，卒於任
　　　　所。(摘自《唐詩紀事》卷四十九)

鄭　巢　大中間舉進士，時姚合爲杭州刺史，巢獻所業，日遊門館，大
　　　　得獎重，如門生禮。性疏野，竟以不仕而終。(摘自《唐才子傳
　　　　校正》卷八，頁 235)

陸龜蒙　姑蘇人。舉進士，一不中。應辟佐張搏。嘗至饒州以不樂拂衣
　　　　去而居松江甫里，多所撰論。性不喜流俗，自稱「江上散人」、
　　　　「天隨子」「甫里先生」，自比「涪翁」、「漁夫」。「江上丈人」，
　　　　後上以高士徵，詔方下，龜蒙卒。(摘自《唐才子傳校正》卷八，
　　　　頁 254)

　　如前所述，這幾位隱士都有功名，若眞心圖仕進，未必不遇於當世，卻
在功名成就之際隱退，不知是否爲了證明自己的實力，又標榜自己淡泊的志
趣，故其隱居便多了一層轉折──放棄有唐以來，舉子們汲汲營求的進士科
名，選擇了隱居。

　　細看諸人之傳，可知其中不乏有節操者，如費冠卿在登第後，母卒，遂
云：

　　　　干祿以養親耳，得祿而喪親，何以祿爲！〔註25〕

〔註25〕《唐詩紀事》卷六十。頁 908，〈費冠卿〉條。(臺北：木鐸出版社，民國 71
　　　年 2 月，宋，計有功撰)。

後長慶二年朝廷徵拜右拾遺，不赴。試就其詩以見其操：

> 世人從擾擾，獨自愛身閑。
>
> 美景當新霽，隨僧過遠山。
>
> 村橋出秋稼，空翠落澄灣。
>
> 唯有中林犬，猶應望我遠。（秋日與泠然上人寺莊觀稼）〔註26〕

又

> 拾遺帝側知難得，官緊才微恐不勝。
>
> 是朝中絕親有，九華山下詔來徵。
>
> 三千里外一微臣，二十年來任運身。
>
> 今日忽蒙天子召，自慚驚動國中人。（蒙召拜拾遺書情二首）〔註27〕

費冠卿以求進士及第而久居京師，卻以母喪，干祿之得不能養親而退隱不仕。這樣的行迤，所得到的評價是肯定的。此外，揚播的棄官就養，以孝行禎祥，隱居不出，也是有清譽的隱者。姚係以好游名山，希蹤郭、謝而終身不言祿。辛文房說他是「林棲谷隱之士」〔註28〕誠然。施肩吾在讀書業文之時，即喜好五行卜易，等到他進士及第，便呈《上禮部侍郎陳情》詩：

> 九重城裏無親識，八百人中獨姓施。
>
> ……
>
> 卻向從來受恩地，再求青律變寒枝。〔註29〕

述己之隱志，不務進取，不待除授，即東歸。當時張籍群公吟餞，人皆知其有仙風道骨，故不戀人間升斗，存箕、潁之情。至是，施肩吾正式受眞筌，而高蹈於洪州西山，觀其行狀、詩作，令人不能否定其隱志。

閻防可以說是個佛教徒，在及第後即信命不務進取，如何證明？且看其《晚秋石門禮佛》詩：

> ……
>
> 永欲臥丘壑，息心依梵筵。
>
> 誓將歷劫願。無以外務牽。〔註30〕

詩語眞素，也是位眞隱士。然則以上所述，皆爲其心高蹈之士，也有隱而赴

〔註26〕詩見《全唐詩》卷四九五，冊15，頁5611。
〔註27〕詩見《全唐詩》卷四九五，冊15，頁5612。
〔註28〕見《唐才子傳》卷五，頁143。
〔註29〕詩見《全唐詩》卷四九四，冊15，頁5586。
〔註30〕詩見《全唐詩》卷二五三，冊8，頁2850。

試，及第再隱，又復出仕途者，如竇常，新、舊唐書傳所述生平內容差不多，都說他大曆中登第，隱二十年不出，卻爲杜佑參謀。此後歷朗州刺史，歷固陵、潯陽、臨川三郡守，人爲國子祭酒後致仕，〔註31〕眞是反覆再三，乍看似乎在等待一個知己，等待有道之時而出，細究內涵，卻未必如此，因安史亂後，京官奉祿少，而幕府「職多於郡森之吏，奉優於台省之官」（見白居易《省官并倖減使職》一文）對文士是很有吸引力的。府主們常常利用這種優越條件招引人才。文士們進入幕府後，又享有許多實際權利，因此這種情形有待進一步的考證。〔註32〕

再談張眾甫其人，早年隱居不務進取，《唐才子傳》肯定他是苦學貞士，〔註33〕卻在年過耳順之際脫章甫，八年之間，輾轉仕途；於六十八歲（建中三年）間卒，難道年過六十就可以因「耳順」，而接受「不能貫徹初志」的譏笑嗎？眞是令人費解。有類似境遇的，是項斯，《唐才子傳》說他個性疏曠，不是那種爲求溫飽而低身下仕之人。項斯在朝陽峰結廬三十餘年，卻在晚年試進士科，會昌四年及第後，出任一名小小的縣尉，且卒於任所，〔註34〕早年的放曠自適已不復存在，不免讓人懷疑前三十餘年的隱居，只是在待詔，只是在培養清望，等到時日一天天流逝，機會卻從不降臨之時，焦急的隱居者只好挺身求仕，顧不得是否會破壞清致了。

鄭巢以進士身分游於兩浙山、湖，與方外名僧酬唱往還，應該可以肯定他的無心仕進，而巢亦以不仕而終，基本上似乎沒有矛盾，但《唐才子傳》說他在姚合爲杭州刺史時，獻其所業且「日遊門館，累陪登覽燕集，大得姚合的重賞，如禮門生」。〔註35〕這種行巡，值得議論。

陸龜蒙可以說是別號最多的人，他自稱「江湖散人」、「天隨子」、「甫里先生」，由字義探，頗有陶淵明以「五柳先生」自況的意味，顯示自己是個直率無機的隱者。他又自比「漁父」、「江上丈人」，可見他肯定自己是個可以「隨波逐流」的人，事實如何？他舉進士，不中，因而應辟佐湖州刺史。嘗至饒州，三日無所詣。刺史蔡京率官屬就見之，龜蒙因而不樂，拂衣去，可見他

〔註31〕竇常傳見《舊唐書》卷一五五，頁4122；《新唐書》卷一七五，頁5244。

〔註32〕參考楊國宜，陳慧群之〈唐代文人入幕成風的原因〉載於《安徽師大華報》第十九卷，1991年第3期，頁332～340。

〔註33〕見《唐才子傳校正》卷三，頁82。

〔註34〕見《唐才子傳校正》卷七，頁218。

〔註35〕見《唐才子傳校正》卷八，頁235。

相當有個性，並非隨波逐流之輩，這樣的矛盾使得龜陸蒙的隱逸型態無法簡單二分，故而存疑不作歸類，只隨共同特徵姑置於此。

最後要談的是王績，葉慶炳先生在他的《唐詩散論》中將王績的人生分為三段：〔註 36〕早年熱衷功名，既而於三十三歲悟宦途乏味，棄官歸隱，其後中、晚年二度出仕，實乃醉翁之意，在酒不在官，對功名已不務進取。王績三度出仕，皆為時不長，故而其一生多半在隱居中渡過，葉先生肯定王績之隱是個性使然，有麋鹿之性，不樂在朝，故雖自鳴清高，卻不掩時時流露於詩中的寂莫之感，其說甚是。

綜合前文之分析，可知此一組隱者，有真隱、有假隱，有莫知所以者。假隱者，痛惜其晚節不保；真隱者則能勘破名祿，高蹈山林不仕出。但總合而言，這批人都存在著矛盾，假如是因仕途蹭蹬而勘破功名利祿，這些人卻都少了就職為官的經驗，即使有，也不多；若肯定眾人皆個性疏放，有不務進取的隱逸事實存在，又何以要寒燈苦讀，投身科考？究竟要判定此類隱者為那一種隱逸？確屬不易。

第三節　仕而後隱者

歷經種種困難，終於躋身仕徒之人，原本以為可以一展長才，平步青雲，豈知宦途險惡，幸者，在適當的時機，或告老，或辭疾而歸隱山林，在享有俸祿之後，以較優渥的經濟條件歸隱，衣食無虞；較不幸者，只有在滿懷悲憤，宦途蹭蹬的情況下退隱，以求取心靈上的平靜。不論是那一類的隱居，他們共同的特徵便在於都曾在朝廷為官。差別則在於歸隱的甘心與不甘心，茲分述如下。

（一）以不遇而歸隱之隱者：

孫處玄　長安（武后時）中徵為左拾遺。神龍初以書遺功臣桓彥範，論
　　　　時事得失，竟不用其言。乃去官還鄉里。（摘自《舊唐書》卷一
　　　　九二，隱逸傳，頁 5123）

祖　詠　開元十二年進士。以流落不偶，移家歸汝墳間別業，以漁樵自
　　　　終（摘自《唐才子傳校正》卷二，頁 30）

〔註36〕見葉慶炳著《唐詩散論》頁 1～39。（原載民國 59 年 9 月，輔仁大學，人文學
　　　　報第一期）

孟浩然　少好節義，隱鹿門山。年四十遊京師諸名士間。與張九齡、王維相善，以詩句忤玄宗，遂不得仕，後辟爲張九齡署從事。（摘自《唐才子傳校正》卷二，頁 50）

常　建　大曆年，仕頗不如意，遂放浪琴酒，往來太白、紫閣諸峰，有肥遯之志。後寓居鄂渚，招王昌齡、張僨同隱，獲大名於當時。（摘自《唐才子傳校正》卷二，頁 37）

薛　據　嘗自傷不早達，初好樓逭，居高山煉藥。開元十九年進士及第。至天寶六年，於吏部參選，自恃才名，仕終於水部郎中。晚歲置別業終南山下，老焉。（摘自《唐才子傳校正》卷二，頁 43）

蕭　存　以惡裴延齡爲人，棄官歸隱廬山，以山水自娛。〔註 37〕

顧　況　素善李泌，及泌相，自謂當得達官，然不得意。及泌卒，作〈海鷗詠〉嘲誚權貴，大爲所嫉，遂全家隱茅山。（摘自《唐才子傳校正》卷三，頁 89）

顧非熊　顧況之子，在舉場垂三十不第，至會昌五年，〔註 38〕始追榜放令及第。授盱眙主簿，不樂拜迎，更厭鞭蹕，因棄官歸隱茅山。（摘自《唐才子傳校正》卷七，頁 222）又，《唐摭言》卷八云：「顧況全家隱居茅山，竟莫知所止。其子非熊及第歸慶，既莫知況寧否，亦隱於舊山」。（頁 304，入道條）

朱　灣　大曆時隱居也，率履貞素，潛輝不曜，適遙雲山琴酒之間，郡國交徵不應。嘗謁潮州崔使君，不得志，以書作別，遂歸會稽山別業。（摘自《唐才子傳校正》卷三，頁 94）

張　祐　來寓姑蘇，樂高尚，稱處士。爲元稹抑，由是自京師寂莫而歸，客淮南幕府，性愛山水，大中中，卒於丹陽隱居。（摘自《唐才子傳校正》卷六，頁 191）

徐　寅　《全唐詩》卷七一〇小傳作徐，「夤」。乾符元年進士及第，宦途蹭蹬，鬚鬢交白，始得秘書省正字，竟蓬轉客途，不知所終。（摘自《唐才子傳校正》卷十，頁 299）

孟　貫　爲性疏野，不以榮宦爲意，喜篇章，有詩價，後周世宗聞其名，

〔註37〕摘自《筆記小說大觀》正編第一冊之（因話錄）卷三，頁 66。（臺北：新興書局影印中華民國三年刊本）
〔註38〕《唐詩紀事》卷六三，頁 943 作「長慶中」。

惜孟獻詩不當，世宗不悅，賜釋褐，進士虛名而已，不知其終。
（摘自《唐才子傳校正》卷十，頁 328）

陳　琡　性耿介，非其人不與之交，仕不合，遂挈家居茅山，與妻子隔
山而居，焚香習禪。（摘自《太平廣記》卷二○二，第二五則，
頁 1527）

以上共計十三人，在仕而後隱之隱士中，是屬於因宦途不順利而生栖遲之
志的一類，較特別是一組「父子檔」——顧況與顧非熊，父子二人皆登進士第，
二個人性皆滑稽、詼諧，況乃以隱入相的李泌弟子，時論以顧況爲輕薄之流，
動爲朝士戲侮，所以頗得譏誚，〔註 39〕不得意於當時；而子非熊，在舉場輾轉
考了三十年，屈聲被耳，才以追榜放令及第。偏偏又因個性因素，不樂拜迎，
終於棄官歸隱，步上其父後塵。傳說顧況後以服氣之法，煉金拜斗，終於身輕
如羽，飛昇成仙，其子受其招引，亦隱於茅山，這當然是神話，我們可以略而
不顧，要強調的是二人之歸隱，雖有種種因素，原能隱而至終，不談其符合何
種道德或眞隱，個人以爲，在歸隱之後不復仕，便可以算是眞隱者。

人生而在世，憂愁不知凡幾，然對於士人而言，不遇的沉痛最是文學作
品的主題之一，其實沒有失意，便不會產生有價值的作品，這是在任何一本
文學史都可以得到的觀念，在科舉時代，參政是知識份子唯一有價值的行爲，
但歷史卻一再證明官場往往是知識份子人生挫敗的場所，能夠得意官場的士
人少之又少，其實如果知識份子得以在仕途上一展抱負，恐怕也不容易成就
令人吟唱千古的不朽作品。可惜這是後世對這些失意文學家的評價，在當時，
其內心的怨懟、不甘是最難排解的，不論由任何管道入仕都不是件容易的事，
若排盡萬難擠身仕途，仍要陸沈下僚，動輒受制，抱負難展，大概也不是原
即心高氣傲的文士所能忍受的。如常建因爲仕宦不如意，遂放浪琴酒，往來
太白、紫閣諸峰，生肥遯之志。試看其詩：

清溪深不測，隱處惟孤雲。
松際露微月，清光猶爲召。
茅亭宿花影，藥院滋苔紋。
余亦謝時去，西山鸞鶴群。〔註 40〕

常建的高才低位，博得了殷璠的無限同情，他在《河嶽英靈集》卷上云：

〔註 39〕參考《新唐書》卷一三九，頁 4631，《舊唐書》卷一三○，頁 3620〈李泌傳〉。
〔註 40〕引自《唐詩記事》卷三一，頁 486，常建〈宿王昌齡隱居〉詩。

高才而無貴位，誠哉是言也。曩劉楨死於文學，左思終於記事，鮑
照卒於參軍。今常建亦淪於一尉，悲夫！

祖詠於開元十二年中進士前，一直流落不遇，據王維在濟州（據陳鐵民所編
之《王維年譜》述，王維在二十一歲至二十六歲之間因坐累謫濟州司倉參軍）
所作《贈祖三詠》詩云：〔註41〕

……

　　結交二十載，不得一日展。

　　貧病子既深，契闊余不淺。

　　……〔註42〕

可見其抑鬱不得志為時已久，詩成於王維在濟州期間（開元九年至十四年），
時祖詠尚未登第，直至開元十二年登第，〔註43〕恐怕也得意不了，最後只好
移家歸汝墳間別業，以漁樵自終。且看他的《汝墳別業》詩：

　　失路農為業，移家到汝墳。

　　獨愁常廢卷，多病久離群。

　　……〔註44〕

又《歸汝墳山莊留別盧家》詩云：

　　淹留歲將宴，久廢南山期。

　　舊業不見棄，還山從此辭。

　　……〔註45〕

自嘆「失路」、「久廢南山期」、「多病」、「獨愁」、「久離群」，口中充塞著怨鬱，
可是又能如何，只好黯然回歸舊業，從此不問功名榮祿了。

　　儘管仕途不順利，士人對於官祿一途，始終未減熱情，因為功名一事，
原本就是最拋不開的渴望，即使是被當時人肯定的隱居，也免不了有干謁的
行為。《唐才子傳》卷三的朱灣，被描寫成是「率履貞素，潛輝不曜，逍遙雲

〔註41〕見《全唐詩》卷一二五，冊4，頁1238，詩題下注曰：「濟州官舍作」
〔註42〕《唐才子傳校正》卷一，頁3作「結交三十載」，查《全唐詩》卷一二五，頁
　　　　1238作「結交二十載」。而《文史》第十六輯，收陳鐵民所編《王維年譜》考
　　　　證王維在濟州（今山東荏平西南）時只有二十一歲至二十六歲的五年之間，
　　　　應不可能和祖詠結交三十載。
〔註43〕據陳鐵民之說，祖詠登第是開元十三年，而《唐才子傳》卷一，作「開元十
　　　　二年杜綰榜進士」，陳振孫《直齋書錄解題》卷十九亦作開元十二年。
〔註44〕詩見《全唐詩》卷一三一，冊4，頁1334。
〔註45〕詩見《全唐詩》卷一三一，冊4，頁1331。

山琴酒之間，放浪形骸繩檢之外，郡國交徵，不應」〔註46〕的隱君，而唐高仲武《中興閒氣集》也說朱灣是「率履正素，放情江湖，郡口交辟，潛躍不起」的「有唐高人」，〔註47〕但看朱灣的《別湖州崔使君侃書》：

> 灣聞蓬萊之山，藏杳冥而可到；驪龍之珠，潛澒混而可識。貴人之顏，無因而前不可識。灣自假道路，問津主人，一身孤雲，兩度圓月。凡再請職事，三趨戟門，門人謂灣曰：子私來耶，公來耶？若言公，僕實非公，若言私，公庭無私。以茲文戰，彷彿於今。信知庭之與堂，不啻千里，況寄食漂母，夜眠漁舟。門如龍而難登，食如玉而難得。如龍之門轉深，如玉之粟轉貴。實無機心，翻成機事，漢陰丈人聞之，豈不大笑。屬谿上風便，囊中金貧，望甘棠而歎，自引分而退也〔註48〕

這樣明白露骨的說「再請職事，三趨戟門」卻不得其門而入，如何是個甘心潛躍不起，率履貞素的隱中高人呢？說自己的干謁「實無機心」，恐怕也是欲蓋彌彰的。

再看薛據的《出青門住南山下別業》：

> 舊居在南山，凤駕自城闕。
> 榛莽相蔽虧，去爾漸超忽。
> 散漫餘雪晴，蒼茫季冬月。
> 寒風吹長林，白日原上沒。
> 懷抱曠莫伸，相知阻胡越。
> 弱年好棲隱，鍊藥在巖窟。
> 及此離垢氛，興來亦因物。
> 末路期赤松，斯言庶不伐。〔註49〕

薛據兩唐書無傳，《唐才子傳》說他是開元十九年王維榜進士，卻在十五年後的天寶六年才中風雅古調科第一人，於吏部參選，〔註50〕此後也是抑鬱不得

〔註46〕見《唐才子傳校正》卷三，頁94。
〔註47〕見《中興閒氣集》卷上所述。據《唐人選唐詩》，河洛圖書出版社「夏學叢書」所收《中興閒氣集》台北：河洛圖書出版社，民國64年。
〔註48〕引自《唐詩記事》卷四五，頁681。
〔註49〕見《唐詩紀事》卷二五，頁375所引，詩見《全唐詩》卷二五三，冊8，頁2853。
〔註50〕見《唐才子傳校正》卷二，頁43。

志，觀其詩「寒風吹長林，白日原上沒」，「懷抱曠莫伸，相知阻胡越」，可知其原亦不甘雌伏，只是有志難伸，若給予機會，信必再度出山。

孟浩然「隱鹿門山，以詩自適」，〔註51〕是否就意昧了他的絕意仕途？張健在《從作品看孟浩然對政治的態度》一文中便堅持反對意見，認為孟浩然對於政治，並不像陶淵明那樣，既已拂袖而去，便不復稍存瞻顧之意；而是終生未能忘情於仕宦的。〔註52〕實情如何？個人以為他早年的隱居鹿門山，使如同李白一般，受到時代潮流的影響，是以從政為最終目的的，試看他三十歲時所作之《書懷貽京邑同好》詩：

> 三十既成立，吁嗟命不通。
>
> 慈親向羸老，喜懼在深衷。
>
> 甘脆朝不足，簞瓢夕屢空。
>
> 執鞭慕夫子，捧檄懷毛公。
>
> 感激遂彈冠，安能守固窮？〔註53〕

再看其《田園作》詩：

> 沖天羨鴻鵠，爭食羞雞騖。
>
> 望斷金馬門，勞歌采樵路。
>
> 鄉曲無知己，朝端乏親故。
>
> 誰能為揚雄，一薦甘泉賦。〔註54〕

二首詩都表現了渴望出仕的急切心境。其後孟作洞庭之游，有《望洞庭湖贈張承相》詩：

> 八月湖水平，涵虛混太清。
>
> 氣蒸雲夢澤，波憾岳陽城。
>
> 欲濟無舟楫，端居恥聖明。
>
> 坐觀垂釣者，空有羨漁情。〔註55〕

其後東下揚州，《自潯陽泛舟經明（一作湖）海》詩寫道：

> 魏闕心恆在，金門詔不忘。
>
> 遙憐上林雁，冰泮已回翔。〔註56〕

〔註51〕見《舊唐書》卷一九○，頁5050，〈文苑〉下。

〔註52〕此文見《文藝》第四十一期，頁74～78。

〔註53〕詩見《全唐詩》卷一五九，冊5，頁1620。

〔註54〕詩見《全唐詩》卷一五九，冊5，頁1627。

〔註55〕詩見《全唐詩》卷一六○，冊5，頁1633。張丞相即張說。

都可以見出孟浩然對出仕抱著期望，可是年四十始遊長安，應進士不第，其內心失望不難想見，偏偏又以「不才明主棄，多病故人疏」（《歲暮歸南山》詩的詩句而被放還南山。其後孟浩然署爲張九齡從事，已在開元二十五年，距離進士不第那年（開元十五年），已隱居十年之久了（此說據《古籍整理研究》，1987年第二期所收之《孟浩然生平蠡測》一文）。孟氏本質上是一位知識份子，不可能沒有用事、立業的抱負，在幾度蹭蹬仕途之後，對名祿也許已不抱太大希望，但在遊山玩水歸隱山林之餘，仍不能完全排遣掉那份存在於知識份子內心的失落感，卻也是不爭的事實，因爲要由銳意於功名仕進轉而無奈的再度歸隱舊園，並不是孟浩然的本意。以致孟氏的歸隱便有了「不遇」的前題，只好不甘於平淡的去假隱居——因爲可以想見其心境並不完全平和。

　　而張祜樂高尚，以處士自居，深爲令狐楚的器許，後來自獻三百首詩於上，沒想到被元稹所抑，因此寂莫而歸。雖未參加科考，仍有求仕的行動，《全唐詩》巷五百一十＜張祜詩集＞下附小傳云：

　　　　長慶中，令狐楚表薦之，不報。辟諸侯府，多不合，自劾去。〔註57〕

可見他並非沒有機會謀一官半職。《唐才子傳》描述了一段他與李紳的軼事，說張祜自稱「釣鼇客」，李怪之：

　　　　紳曰：「釣鼇以何爲竿？」

　　　　祜曰：「以虹。」

　　　　紳曰：「以何爲鈎？」

　　　　祜曰：「新月。」

　　　　紳曰：「以何爲餌？」

　　　　祜曰：「以短李相公也。」

於是李紳很高興的厚贈而去〔註58〕由是我們可以推知張祜大約是有所待的，等待知己、機會的相互配合，俟時機一到便可如鴻鵠一飛沖天。可惜他終其一生都只是個布衣，不免令人惋惜。辛文房便說他：

　　　　祜能以處士自終其身，聲華不借鍾鼎，而高視當代，至今稱之。不遇者，天也；不泯者，亦天也！〔註59〕

〔註56〕詩見《全唐詩》卷一五九，冊5，頁1628。

〔註57〕詩見《全唐詩》卷五一○，冊15，頁5794。

〔註58〕小傳見《唐才子傳校正》卷六，頁192。

〔註59〕見《唐才子傳校正》卷六。頁193。

在不遇的士人中，有一些人的選擇不但是隱居，而且作方外客，故另外討論之。

李　白　少與魯中諸生隱於徂徠山，時號「竹溪六逸」。以道士吳筠故詔赴京師爲待詔翰林。懇求還山，賜黃金，詔放歸。是年冬，乞蓋寰爲造眞籙，由高天師如貴道士授道籙于濟南郡紫極宮。〔註60〕

賀知章　性曠夷，善談論笑謔，晚節尤誕放，自號「四明狂客」。天寶三年，請爲道士，歸里，詔賜鏡湖、剡川一曲。（摘自《唐才子傳校正》卷三，頁 65 至 66。）

王守愼　原爲則天朝之監察御史，因事以疾辭，請爲僧。則天賜號「法成」。（摘自《舊唐書》卷一九二，頁 5123，《隱逸傳》）

李白一直是個具爭議性的人物，生平大致眾所皆知——他的身世成謎，所有的答案都只在猜測、推論的狀態，他年輕時隱居過好幾個地方，懷有濟世之志，由道士吳筠之薦而待詔翰林，二年間即賜金還山，其後加入永王璘的行列中，以是得罪流放夜郎。後赦，還潯陽又坐事下獄。宋若思辟爲參謀，未幾辭職。後依李陽冰。代宗時欲以左拾遺召，已卒。值得深思的是，爲什麼他所做的每一件工作都不長久？爲什麼他到死都沒有一篇像樣的疏文議論以表彰他的濟世思想？如果他眞如同詩作中所描述的，身懷不世的才能，何以玄宗、永王璘、宋若思等人皆很快的就對他失去興趣、信心？李白是個假隱士是毫無疑問的，該懷疑的是他究竟是不是如同諸多論文所說是個只有空架子，沒有實才的宦途庸才？否則以他名動天下的文才加上韜略，玄宗、永王應該會十分歡迎欣賞，並予以重任，然事實並非如此。李白的思想、個性是複雜且充滿矛盾的，他既有「達則兼善天下，窮則獨善其身」的儒家思想，又有遺世獨立的道家思想，還有「笑盡一杯酒，殺人都市中」〔註61〕的游俠思想，他的滿腦滿腔濟世熱情往往與冷酷現實尖銳磨擦，於是他時而自命不凡，認爲自己是：

懷經濟之才，抗巢由之節。

文可以變風俗，學可以究天人。〔註62〕

〔註60〕李白傳見《舊唐書》卷一九〇，頁 5053，〈文苑〉中，《新唐書》卷二〇二，〈文藝〉中，頁 5762，《唐才子傳》卷二，頁 53，《唐詩紀事》卷一八，頁 266。

〔註61〕詩句見《李白集校注》卷四，頁 324，《結客少年行場》詩。（臺北：偉豐書局民國 73 年出版）。

〔註62〕回前引書，卷二六，頁 1518。〈爲宋中丞自薦表〉。

的棟樑之才，但在行動上卻往往：

> 三百六十日，日日醉如泥。〔註63〕

> 美酒樽中置千斛，載妓隨波任去留〔註64〕

日日喝醇酒，近婦人，哪裡是個曠世奇才、經國棟樑？其人有旺盛的生命力與企圖心，一而再，再而三的干謁、投書、找機會求仕，即使是身受道籙，也不改其志，故當永王璘欲辟之，他馬上下山應辟。在坐罪流放夜郎遇赦，仍肯應宋若思之辟爲參謀，可見他終其一生都是沒有忘記在政治上求表現，是道地以隱逸爲手段，爲心靈找個暫時栖遲的處所，等到機會來臨，他又會放下隱逸的生活，重新投入仕途，面對挑戰。

賀知章之所以成爲道士，《唐詩紀事》卷一七說是年事已高，臥病，冥然無知，於是上表請爲道士並且還鄉，〔註65〕賀知章當時是太子賓客，乃正三品的高官，不能說他是不遇文士，說告老還鄉，似乎恰當些，而他的歸隱也獲得了豐厚的賞賜，玄宗不但捨宅爲觀，賜名千秋，還讓知章蔭一子爲會稽郡司馬，賜鑑湖、剡川一曲，並且供帳東門，百僚祖餞，御製送詩，〔註66〕看來賀知章仕隱皆得意，沒什麼好遺憾的。事實果眞如此嗎？以當時的政治環境看來，李林甫專擅，仕途坎坷，張九齡、嚴挺之、房琯、李邕等人皆或貶、或卒，且李林甫之重用安祿山，也爲日後的安史之亂埋下種子，〔註67〕固然不能肯定賀之晚年縱誕，自號「四明狂客」是否佯狂避禍，但由李林甫之贈詩：

> 挂冠知止足，豈獨漢疏賢。

> 入道求眞侶，辭榮訪列仙。

> 睿文含日月，宸翰動雲煙。

> 鶴駕吳鄉還，遙逢南斗邊。〔註68〕

可以知道賀知章之辭官是選對了時間配合了李林甫的心意。賀選擇入道，恐怕也是要爲心靈找一個安身立命之所，呼應了唐代人奉佛學道的社會風尚。可惜賀知章受到榮寵賞賜歸鄉沒多久過逝了，前後不到一年的時間。而我們

〔註63〕同前引書，卷二五，頁1495，〈贈內〉詩。

〔註64〕同前引書，卷七，頁480，《江上吟》詩。李白年譜〈安旗主編〉等資料摘錄之。

〔註65〕事見《唐詩紀事》卷一七，頁246。

〔註66〕同前。

〔註67〕見王壽南《隨唐史》第八章，頁218。

〔註68〕《唐詩紀事》卷一七，頁246～247。

由賀之章告老可以看見唐士人致仕之後的生活方式──奉佛學道，當然，也有不盡如此的，茲述於後：

盧照鄰　因病去官，居太白山，以服餌爲事，後疾篤攣廢，徒居具茨山。（摘自《舊唐書》卷一九〇，頁 5000，〈文苑〉上）

孟　詵　神龍中宗初致仕，歸伊陽之山第，以藥餌爲事。（摘自《舊唐書》卷一九一頁 5101，〈方伎〉）

元德秀　少孤貧，以事母孝聞。登第後母亡，廬於墓所，後以孤幼牽於祿仕，秩滿，南遊陸渾，見佳山水，杳然有長往之志，乃結廬廬山河。（摘自《舊唐書》卷一九〇，頁 5050，〈文苑〉下）

包　佶　累官至諫議大夫，御史中丞。居官謹確，所在有聲，晚歲沾風痺之疾，辭寵樂高，不及榮利（摘自《唐才子傳校正》卷三，頁 67）

張　諲　初隱居少室山讀書，天寶中謝宮歸故里，不復來人間。（摘自《唐才子傳校正》卷二，頁 49）

張志和　婺州金華人，親喪不復仕，隱居江湖，自稱煙波釣徒。（摘自《新唐書》卷一九六，頁 5608，〈隱逸〉傳）

李　端　少居廬山，依皎然讀書，及第後以清羸多病，辭官居終南山草堂寺。未幾，又起爲杭州司馬。買田園在虎丘下。自號衡嶽幽人，懷箕、穎之志。（摘自《唐才子傳校正》卷四，頁 107）

夏侯審　初於華山下買田園爲別墅，晚年退居其中，諷吟頗多。（摘自《唐才子傳校正》卷四，頁 105）

劉　商　字子夏，擢進士第，累官，後辭疾卦印，歸隱義興胡父渚。（摘自《唐才子傳校正》卷四，頁 148）

竇　牟　舅父爲給事中，甄拔甚多，牟未嘗干謁，竟捷文場。累官至國子司業。晚從昭義從史，從史浸驕，牟渡不可諫，即移疾歸居東都別業。（摘自《唐才子傳校正》卷四，頁 123）

蕭　俛　文宗時致仕，歸濟源別墅，逍遙山野、嘯詠餘年。（摘自《舊唐書》卷一七二，頁 4476）

李　約　元和中，仕爲兵部員外郎，後棄官終隱。（摘自《唐才子傳校正》卷六，頁 177）

雍　陶　辭官閑居廬嶽，養痾傲世。（摘自《唐才子傳校正》卷七，頁 202）

段成式　罷官寓居襄陽，以閑放自適《摘自《舊唐書》卷一六七，頁 4369》

王季文　少居九華山、咸通中登進士第，授秘書郎，謝病歸隱九華。（摘自《唐詩紀事》卷二九，頁 485）

鄭　谷　嘗隱九華山，罷官後退隱仰山書堂，卒於北巖別墅。（摘自《唐才子傳校正》卷九，頁 281）

王　駕　自號守素先生，大順中，棄官嘉遯於別業。（摘自《唐才子傳校正》卷九，頁 292）

李建勳　仕南唐爲宰相，未已，以司徒致仕，賜號「鍾山公」，年已八十。時宋齊丘有道氣，建勳往謁，欲授眞果，歸高安別墅，一夕無病而逝。（摘自《唐才子傳校正》卷十，頁 310）

孟賓于　至後晉始進士及第，後仕南唐，於興國中致仕，居玉笥山，年七十餘卒。自號「群玉峰叟」（摘自《唐才子傳校正》卷十，頁 327）

　　由上列之簡傳，我們可以看出，此輩文士皆先官後隱，且宦途較平坦，即或不遇於時，反應也不是激烈難平，故在隱逸動機中，可算是不欲再出仕的眞隱者。他們有一部份人呈現一種共同的特徵，即在士人眼中的生命高點歸隱山林。如孟詵《舊唐詩》收其傳在〈方伎〉中，而《新唐書》則于〈隱逸傳〉之內，觀其生平，曾舉進士，雖好方術，並非道士者流，似以《新唐書》所收之位較適宜。孟詵歷任睿宗、則天二朝、而於中宗、神龍初年致仕，時爲從三品的官員，不算小官。歸隱伊陽之山第後，日以藥餌爲事，嘗謂所親：「若能保身養性者，常須善言莫離口，良藥莫離手。」，〔註 69〕可見他是頗能養性保身的人。再看蕭俛，於貞元七年進士擢第，元和初，復登賢良方正制科，元和十三年皇甫鎛用事，俛與鎛及令狐楚爲同年，於是二人雙薦俛於上，自是顧眄日隆，穆宗即位之月，爲宰相，至文宗時致仕，以洛都官屬賓友，避歲時請謁之煩而歸濟源別墅，嘯詠窮年，其後文宗徵召二次，皆辭不赴，〔註 70〕其官位極人臣，對於仕途一事，可說了無憤憾，其後文宗時再召，他不赴是可以想見的。再如李建勳，其官亦至宰相，可是時間在南唐，在宋朝以後，這樣的行爲相等於叛臣，可是在唐代，士人面對出仕，講的是待時機，所待者何人，並不是最重要的，雖非人人皆如此無節操，但改朝換

〔註 69〕傳見《舊唐書》卷一九一，頁 5101，〈方伎〉。
〔註 70〕蕭俛傳見《舊唐書》一七二，頁 4467，甚詳盡。

代之際，這種事其實不少，以前朝官可位至宰相，李建勳也並非庸碌之輩而已。《唐才子傳》卷十述其以司徒致仕歸隱，時年已八十，志尚散逸，多從仙侶，參究玄門，為了求道氣、真果，而至洪州西山尋高人宋齊丘，〔註71〕這表示了他的無心仕宦。

以上這三位皆為高官致仕之例，他們皆居高位，皆晚年致仕，皆服餌尚散逸，可以見出是在追求宦海以外的精神世界。出仕對他們而言，已不再是人生中重要的計畫了。

因病去官的例子──盧照鄰，原是鄧王府典籤，王甚愛重，後遷新都尉，因病去官。居太白山草閣，以服餌為事。貴官如裴瑾之、韋方質、范履兵等時時供衣藥，以疾轉篤而轉具茨山下，買園數十畝，疏穎水周舍、復預為墓，偃臥其中……〔註72〕這樣的人生，想再求仕宦，已不可能，不肯真心隱逸，又待如何？但盧照鄰的內心願意嗎？《唐才子傳》說他自以當高宗之時尚吏，己獨儒；武后尚法，己獨黃、老；后封嵩山，屢聘賢士，己已廢，遂著《五悲文》以自明，〔註73〕可見他極傷自己的殘廢（《全唐詩》卷四一附盧照鄰之小傳言其足攣，一手又廢）與生不逢時，在內心上是悲苦的，終於不堪種種生理、心理上的痛苦而投穎水，很悲劇性的結束自己的人生。

還有一位包佶，其傳主要見於《唐才子傳》卷三與《新唐書》卷一四九，仕途平坦多了，一直官至御史中丞，居官謹確，所在有聲。晚歲沾風痺之疾，體力精神已不允許他再在宦海浮沉，遂辭寵樂高，算是個進退皆不遭非議，受人敬重的人物。

中唐以後，政治由清明趨向黑暗，政局產生重大變化，當時文士若非失意，宦途平順者也會藉「不求倖進」的形象來求自保，形象的表現在行動上是歸隱山林，在思想上則是遁入宗教，以當時佛、道二教盛行的狀況看來，社會大眾，包含了士人而言，要硬判其入佛或入道，其實並不絕對，也不公平。因為不論佛、道皆提供了人們精神上的止痛劑，尤其對士人而言，自己身陷險惡宦海，朝中傾軋交加，若不潛心於奉佛學道，怎能表現一己的傲岸，獨立於俗世之外？於是竇牟、王駕、鄭谷、王孝文、段成式、雍陶、李約、張謂、劉商、夏侯審、

〔註71〕傳見《唐才子傳校正》卷十，頁310。

〔註72〕傳見《唐才子傳校正》卷一，頁9，《新唐書》卷二○一〈文藝傳〉，頁5742；《舊唐書》卷一九○，（文苑）上，頁5000。

〔註73〕事見《唐才子傳校正》卷一，頁9。

李端、張志和、元德秀、孟賓于等皆在不同時間辭官，歸隱於山泉林水之間，寄情宗教、吟諷詩文，過逍遙自適的生活，即或再有機會出仕，也不再心動，就這一點而言，這些人是值得敬佩的，因爲對於仕途的割捨不下與經濟的困頓往往是隱居生活的致命傷，能不能堅持到底，就要看隱居者的忍耐力了。如張志和十六擢明經，嘗以策干肅宗，和李白一樣是待詔翰林，後以親喪辭去，不復仕。此後，他居江湖，性邁不受拘束，自稱「煙波釣徒」，以「玄眞子」爲號，以隱而名顯。當代之陳少游、陸羽、顏眞卿皆羨其名，憲宗欲求其詩歌且不能致，李德裕稱其：「漁父賢而名隱，鴟夷智而功高，未若玄眞隱而名彰，方而無事，不窮而達，其嚴光之比歟！」〔註74〕，這樣的隱者有賢名而不與人爭。在混亂的時局中當然得以不遭嫉而保全身。再看竇牟是個以孝謹聞名的士人，其舅父雖貴爲給事中，甄拔甚多，但牟並未依此干謁而獨力取捷文場。後以所事寖驕，度不可諫，遂託疾辭歸。〔註75〕又是個以隱自保之例。

　　仔細看這些人之傳記，既能忍受無官可做的痛苦，經濟能力似乎不算太差，大抵都有個別業可供安棲。假設沒有，唐人可以依山寺僧求宿食，生活大致也不會成爲問題。像陶淵明那樣不爲五斗米折腰，卻要爲饑餓而乞食於鄰里間的尷尬大概是沒有的，以致此類隱者恐怕要比那些有志難伸的隱者逍遙上千萬倍，因爲他們的心態是較平靜，少衝突、矛盾的；物質是可得溫飽，少挨餓的，自然社會對他們的評價也就是肯定多於否定的了。

〔註74〕見《唐才子傳校正》卷三，頁96。
〔註75〕竇牟傳見《舊唐書》卷一五五，頁4122。《新唐書》卷一七五，頁5245。《唐才子傳校正》卷四，頁123，《全唐文》卷五六三，冊十二。韓愈撰〈國子司業竇公墓誌銘〉，頁7238。

第四章　假隱類別分析

　　假隱乃唐人隱逸的時代特產，此類隱逸佔了唐代士人隱逸的絕大部分，是故獨立一章來述論之，文分五節。其一為早年讀書山林者，此與科舉考試有相對應的關係，士人隱於山林寺院讀書，有其功利的動機，並非一生一世的隱逸。其二為累舉不第而歸隱者。其三乃沽名釣譽，別有所圖之隱，特別呼應唐人尚功利之風氣。其四為以祿代耕之吏隱，隱者半仕半隱，拋不開利祿的動機。其五為避亂之隱，是士人隱居最不得已的因素，在動機上是被動的，非出於真心，自然屬於假隱，茲分述如下。

第一節　早年讀書山林者

　　在唐代特殊政治、文化環境與心態的作用下，隱居讀書是予人生氣蓬勃，卻又沉重無比的印象，因為風氣所及，幾乎整個唐人之隱居都與讀書脫不了干係，文人雅士如此，方外僧侶亦如是，由唐人傳記中便可看出。這一節就讀書業文於山林中，後赴科舉考者歸納為一類，特別強調「早年」的隱居事跡，在一九五人中得二十五人。

　　李頎《緩歌行》（《全唐詩》卷一三三）云：

> 男兒立身須自強，十年閉戶潁水陽。
> 業就功成見明主，擊鐘鼎食坐華堂。
> 二八蛾眉梳墮馬，美酒清歌曲房下。
> 文昌宮中賜錦衣，長安陌上退朝歸。
> 五陵賓從莫敢視。三省官僚揖者稀。

早知今日讀書是，悔作從前任俠兒。〔註1〕

這首詩頗足以道出士人讀書山林以求仕的心態，男兒欲立身自強，不去入學讀書，反而閉戶隱居於潁水之濱，可見讀書山林是當代的風氣。以下所云，無非是期待他日功成名就，呼風喚雨任其所為的景況，卻已顯示了這類士人心不在崖壑之上矣。

據嚴耕望先生《唐人讀書山林寺院之風尚》一文所述，唐人讀書名山寺院有其時代與社會因素，《唐摭言》卷十〈海途敘不遇條〉提到「中條山書生淵藪」，山中有書籍，有老師，有學生，儼然當代的一個學術重鎮，也正因為「書生淵藪」，又證明了士子在山中讀書業文是一種流行。而且，有山水林泉之勝的寺院在唐代為知識份子們提供了食宿、書籍，貧苦的士人在沒有能力謀生，讀書的窘況下，名山寺院往往成為寒士的蔽護所。即使有寺僧厭惡讀書人的寄食，因之有被毆打的情形出現，寒士也不改其志：

李紳初貧，遊無錫惠山寺，累以佛經為文稿，被主藏僧歐打，故終身憾焉。〔註2〕

李紳後來貴為宰相，以家貧少年居惠山寺讀書十年，若非山寺可以提供讀書業文的環境，十年的光陰恐怕不容易熬過。

在此類士人中，隱於嵩山、終南、中條山、華山、少室山等，近京都的名山者有十三人，顯示了這幾座名山不光是隱逸的熱門地點，也是讀書人的學術重鎮：

李　紳　嘗習業於華山。（摘自《太平廣記》卷二十七，頁177）

劉長卿　少居嵩山讀書。（摘自《唐才子傳校正》卷二，頁44）

徐　商　幼隱中條山。（摘自《新唐書》卷一一三，頁4192）

張　謂　少讀書嵩山。（摘自《唐才子傳校正》卷四，頁115）

岑　參　十五隱於嵩陽。（摘自《全唐文》卷三五八，〈感舊賦〉）

房　琯　性好隱遁，與呂向偕隱陸渾山〔註3〕伊陽山中讀書，凡十餘載。
　　　　（摘自《舊唐書》卷一一一，頁3320）

李　賀　少時讀書昌谷。（摘自《全唐詩》卷三九二，頁4413上，〈昌谷讀書示巴童〉）

〔註1〕詩見《全唐詩》卷一三三，，冊4，頁1349。

〔註2〕見《雲溪友議》卷一，頁102。（《筆記小說大觀》續編一）（臺北：新興書局）

〔註3〕陸渾山為嵩山近諸山之一。（見《中國地名辭典》）

徐彥伯　早年結廬太行山下。（摘自《新唐書》卷一一四，頁 4201）

崔　從　寓居太原，與仲兄能同隱山林，苦心力學……如是者十年。（摘自《舊唐書》卷一七七，頁 4577）

李商隱　早年習業王屋山、終南山。（摘自《新唐書》卷二〇三，頁 5792，〈文藝下〉）

韓　偓　居紫閣峰〔註4〕讀書。（摘自《全唐詩》卷六八二，頁 7818，〈歸紫閣下〉）

隱於東南名山者有六人

皮日休　初隱居鹿門山。（摘自《唐才子傳校正》卷八，頁 252）

殷文圭　初居九華，刻苦於學。（摘自《唐詩紀事》卷六十八，頁 1016）

許　渾　曾居西山讀書。（摘自《唐才子傳校正》卷七，頁二〇一）

李　頻　少秀悟，長，廬西山。（摘自《唐才子傳校正》卷七，頁 228）

李　中　嘗讀書廬山。（摘自《全唐文》卷七五〇〈壬申歲承命之任淦陽再過廬山國學感舊寄劉鈞明府〉）

伍　喬　少隱居廬山讀書。（摘自《唐才子傳校正》卷七，頁 205）

符　載　始與楊衡、宋濟習業青城山，復隱廬山。（摘自《唐詩紀事》卷五一，頁 780）

顯示了東南地區以廬山為讀書中心。嚴耕望先生亦以《唐詩紀事》卷四十六〈劉軻〉條為例：

> 樂天云：廬山自陶謝後，貞元初有符載、楊衡輩隱焉。今讀書屬文、結茅岩谷者猶一二十人。……

用以證明廬山讀書人之多。〔註5〕

其餘尚有六人亦為少年讀書山林，只是隱所零散，無法歸納：

李　郢　初居餘杭，出有山水之興，入有琴書之娛，疏於馳競。（摘自《唐才子傳校正》卷八，頁 231）

羊士諤　早歲嘗游女几山，有卜築之志。（摘自《唐才子傳校正》卷五，，頁 142）

邵　謁　韶州婺源縣，人居離縣之某湖，環室皆水，發憤讀書。（摘自《唐

〔註4〕紫閣峰為終南山之峰名（見《中國地名辭典》）。

〔註5〕見嚴耕望先生〈唐人讀書山林寺院之風尚〉一文（《史語所集刊》，第三十本下冊，民國 48 年 10 月版）。

才子傳》卷八，頁241）

丘　　爲　初累舉不第，歸山讀書數年。（摘自《唐才子傳校正》卷二，頁
　　　　　　52）

陳子昂　於梓州東南金華山讀書。（摘自《唐才子傳校正》卷一，頁16）

于　　鵠　初買山於漢陽高隱，三十年猶未成名。大曆中，嘗應薦，歷諸
　　　　　　府從事。（摘自《唐才子傳校正》卷四，頁116）

　　唐代士人的隱居讀書，大多是爲擇一閑雅安靜之處讀書自修，爲日後參
加的科舉考試努力取得功名，隱居本是逃離仕途的一種方式，在本質上一直
被定位在「對時政的無言抗議」之上，到了唐代，隱居是整個大環境的趨勢，
舉國上下皆以隱爲時尚，時機不對，士人便隱退山林；無心進取，高尚不仕，
也要隱；有心求仕，爲了增加清望，更要隱，於是隱居成了讀書人的生活內
容，山水林泉對於讀書人而言，不但是居處，也是習業自修的地方，自然，
想要參加科考，求功名的士人在這種大潮流下，也要隱居讀書習業了──這
一種爲了科考而隱居的讀書發展，賦與了隱居「教育」的新面貌，寒士要入
山讀書業文，如《舊唐書》卷一七九的柳璨傳載：

　　　　少孤貧好學，僻居林泉。晝則采樵，夜則燃木葉以照書。

柳璨出身河東大姓，宗族中多朝貴，他卻因「樸純」爲族人所鄙。在家貧無
資，親友不助的狀況下，隱居山林，采樵讀書。崔從的狀況也差不多：

　　　　……少孤貧。寓居太原，與仲兄能同隱山林，苦心力學，屬歲兵荒，
　　　　至於絕食，弟兄採栯拾橡實，飲水棲衡，而講誦不輟，怡然終日，
　　　　不出山巖，如是者十年。〔註6〕

生活困頓如此，仍堅持不出山巖，可見隱居讀書對於唐代寒士而言是必然的
修業。相對的高門子弟又如何呢？試看房琯：

　　　　琯少好學，風度沈整，以蔭補弘文生。與呂向偕隱陸渾山，十年不
　　　　諧際人事。〔註7〕

房琯之父房融是則天朝正諫大夫同鳳閣鸞台平章事，家世不可謂不好，仍要
隱居讀書十年。再如陳子昂：

　　　　梓州射洪人，家世富豪，子昂獨苦節讀書。〔註8〕

〔註6〕見《舊唐書》卷一七七，頁4577，〈崔從傳〉
〔註7〕見《舊唐書》卷一三九，頁3320，〈房琯傳〉
〔註8〕見《舊唐書》卷一九〇〈文苑中〉，頁5018，〈陳子昂傳〉。

也使我們看到隱居讀書的，有高門，更有寒士，可見這樣的生活方式是普遍的，是求學、求功名階段內的必修課程，且無關乎道德，因爲根據傳記資料，這些人的日後發展，與其隱居記錄沒有太大關聯，與當時的身分階層也沒有關係，因爲他們最終的目是在進士科上，故所錄二十五人中有大部份是進士及第的，只有房琯是因父蔭得官；岑參、符載、于鵠以佐戎幕入仕，可見他們都不是清靜無所冀求的眞隱士，而是隱逸潮流下的跟從者罷了。

不過，即使都不是眞隱士，仍要談一談他們貪競求貴的面貌，《舊唐書》卷一七三李紳傳中收有其族子李虞之傳：

> 紳族子虞，有文學名，隱居華陽，自言不願仕，時來省紳，雅與柏
> 耆、程昔範善。及耆爲拾遺，虞以書求薦，紳惡其無立操，痛誚之。

事情尙未結束，李虞在怨望之餘，甚且與李逢吉共同構陷李紳，全然不顧族叔情分。如此，李虞的沽名釣譽是毋庸贅言的，其行逕也就讓人不齒。《唐才子傳》卷七的伍喬與張洎少即友善，洎仕爲翰林學士，眷寵優異。時喬任歙州司馬，由是自傷不調，作詩寄洎，且告誡送信的僕人：

> 俟張游宴，即投之。

詩云：

> 不知何處好銷憂？公退攜樽即上樓。
> 職事久參侯伯幕，夢魂長達帝王州。
> 黃山向晚盈軒翠，黟水含春遶郡流。
> 遙想玉堂多暇日，花時誰伴出城遊？

爲了這首干謁的詩，張洎動容不已，終爲之言於上，召還爲考功員外郎。要強調的是，即使面臨改朝換代之際，士人仍以出仕爲志，並無節操可言。同樣的情況，也發生在殷文圭身上，他是昭宗乾寧五年的進士，唐末兵馬振動，文圭竟攜梁王表薦及第，投向梁王的懷抱，又怕爲人恥笑，爲了飾非而遍投啓事於公卿間曰：

> 於菟獵食，非求尺璧之珍；爰居避風，不望洪鐘之樂。〔註9〕

後來，這件事被多言者所揭發，梁王怒，亟遣追捕，文圭只好由汴梁馳歸。爾後又出仕南唐，更爲其子更姓名歸朝，如此反復再三，實在不是個有原則的隱居者，唐人競進奪利之風，若以儒家標準看，則根本連表面上的「時隱」（隱居待時）都談不上，一個人如果沒有廉恥、原則至此，無所不爲也就成

〔註9〕此事見《唐才子傳校正》卷十，頁308。

了理所當然，雖說有唐一代的士風浮薄，即使是知名大儒如韓愈者，也不以干謁爲羞恥，但至若伍喬、殷文圭之類，則是務求競進的末流者了。

第二節　累舉不第的失意隱者

科舉制度並非創始於唐朝，卻在唐朝確立，其歷史傳承與背景因素，只以《唐摭言》卷一之〈散序進士條〉說明：

> 進士科始於隋大業中。盛於貞觀、永徽之際。縉紳雖位極人臣。不由進士者。終不爲美。歲貢常八九百人。謂之白衣公卿。又曰一品白衫。其艱難謂之三十老明經。五十少進士。時有云：「太宗皇帝眞長策。賺得英雄盡白頭。」〔註10〕

從事科舉的人數多，是因爲進士及第是作官捷徑，自然士人們要爭取之，科考一次不能得，便再來二次，二次又不能得，再來三次、四次，以致於許多次，《唐才子傳》卷七〔註11〕說顧況之子顧非熊「在舉場垂三十年」，直至會昌五年才進士及第；又《文獻通考》卷二十九〈選舉二〉：

> 昭宗天復元年敕文令中書門下選擇新及第進士中，有人在名場才沾科級，年齡已高者，不拘常例，各授一官，於是禮部侍郎杜德祥奏揀到新及第進士陳光問年六十九、曹松年五十四、王希禹年七十三、劉象年七十、柯崇年六十四、鄭希顏年五十九。」〔註12〕

可見《唐摭言》云「三十老明經，五十少進士」是當時普遍的現象，五十歲以上才中進士的人大有人在。

又據《冊府元龜》卷六三九記載，每年應科舉者嘗有千數，但所錄取者不過其中的一、二十人，〔註13〕可見當時累舉不第者，不知凡幾，又當代之舉子有以詩文干謁的風氣，時人並不引以爲恥，這種行爲關係著科考功名的錄取與否，被見用，自然仕宦之途有望，不見用者，則趨向隱居或另謀出路，如舉不第而隱居於盤谷的李愿，據韓愈作〈送李愿歸盤谷序〉〔註14〕說：

〔註10〕見《唐摭言》卷一，頁20。
〔註11〕見《唐才子傳校正》卷七，頁222。
〔註12〕見馬端臨《文獻通考》卷二十九，頁276，〈選舉二〉。（臺北：新興書局影印）
〔註13〕《冊府元龜》卷六三九，頁2382，貢舉部，條制一：「（玄宗開元）十七年三月國子祭酒楊瑒上言曰：『伏聞承前之例，每年應舉嘗有數千，及第兩監不過一、二十人……』」。（臺北：大化書局，宋・王欽若等奉敕編）
〔註14〕見《評註古文辭類纂》卷三一，贈序類頁876。（臺北：華正書局，清・姚鼐

愿之吉曰：『人之稱大丈夫者，我知之矣。利澤施於人，名聲昭於時，
坐於廟朝，進退百官，而佐天子出令，其在外，則樹旗旄，羅弓矢，
武夫前呵，從者塞途，供給之人，各執其物，夾道而疾馳。喜有賞，
怒有刑，才畯滿前，道古今而譽盛德，入耳而不煩。曲眉豐頰，清
聲而便體，秀外而惠中，飄輕裙，曳長袖，粉白黛綠者，列屋而閒
居，妒寵而負恃，爭妍而取憐，大丈夫之遇之於天子，用力於當世
者之所爲也。吾非惡此而逃之，是有命焉，不可幸而致也……。

由末引二句「吾非惡此而逃之，是有命焉」一語，可知李愿對於富貴利祿，
並非不熱衷，只可惜既不可幸而致之，也就會在不得已的失望中隱居山林了。
這是失意舉子的退路之一，也是本文所欲探討的隱逸類型之一，在一九五位
隱者中占十一人，要強調的是此乃確實有傳者，至於散見於筆記小說中不知
名姓的失意考生不在羅列之內，唐之科舉每年錄取不過百分之一、二，落榜
考生眞是不知凡幾，其退路也許是個值得探討的主題，然已超出本文討論範
圍，只好待日後再行整理這方面的資抖。

　　此類隱逸的失意人，約略可分二組言之；其一者，就此隱居以終，不復
出世；其二則藉隱以待時。仍有出仕意。茲分述如下：

（一）

沈千運　天寶中，數應舉不第，時本齒已邁。遨尤襄、鄧間，干謁名公，
　　　　其時多艱，自知屯蹇，遂釋志，還山中別業。（《唐才子傳校正》
　　　　卷二，頁60）

張　碧　字太碧，貞元間舉進士，累不第，便覺三山跬步，雲漢咫尺。
　　　　委興山林，投閑吟酌。（摘自《唐才子傳校正》卷五，頁140～
　　　　141）

長孫佐輔　朔方人，舉進士不第，放懷不羈。後卒不宦，隱居以求其志。
　　　　（摘自《唐才子傳校正》卷五。頁163）

方　干　大中中舉進士不第，隱居鏡湖中。家貧，素行吟醉臥以自娛。（摘
　　　　自《唐才子傳校正》卷七，頁226）

任　蕃　舉進士不第，歸江湖，多遊會稽、笞、雪間。（摘自《唐才子傳
　　　　校正》卷七，頁221）

趙　牧　大中、咸通中。累舉進士不第，有俊才，負奇節，遂捨場屋，

放浪人間。(摘自《唐才子傳校正》卷八，頁 247)

于武陵　大中中，舉進士，不稱意，攜書與琴，往來商、洛、巴、蜀之
　　　　間，或隱於卜中，存獨醒之意。晚歸嵩陽別墅終老。(摘自《唐
　　　　才子傳校正》卷八，頁 236)

喻坦之　咸通中舉進士不第，久寓長安，囊罄，憶漁樵，還居舊山。(摘
　　　　自《唐才子傳校正》卷九，頁 285)

陳　摶　舉進士不第，時戈革滿地，遂隱名辟穀煉氣。(摘自《唐才子傳
　　　　校正》卷十，頁 331)

　　以上九人皆有共同特徵，即舉進士不第而歸隱山中，終身不復仕，但這
是否表示了他們內心對仕宦了不牽掛？沈千運久舉不第，想來科舉對他而
言，包藏了無限沉痛，他曾感懷賦詩：

　　　　一生但區區，五十無寸祿。〔註15〕

如果聖朝是優恤賢良的，那麼便應草澤無遺賢，如果考不上科舉只能說人生
各有命，那麼對沈千運而言，難免要感嘆時運的蹇促了。於是，他喟然而生
歸歟之志，還山中別業，究竟他是否真心棲遲？試看《山中作》一首：

　　　　棲隱無別事，所願早離塵。
　　　　不辭城邑遊，禮樂拘束人。
　　　　邇來歸山林，庶事皆吾身。
　　　　何者為形骸？誰是智與仁？
　　　　寂莫了閒事，然後知天真。
　　　　咳唾驚榮華，迂腐相屈伸。
　　　　如何巢與由，天子不得臣。〔註16〕

可見他的決心是堅定的，再者高適賦〈還山行〉：

　　　　送君還山識君心，人生老大須恣意。
　　　　省君解作一生事，山間偃仰無不至。〔註17〕

的確，人生已老大，再看不破功名又待何如？於此，個人肯定沈千運的選擇，
雖然他心中或許仍有希冀，唐肅宗的備禮徵致也嫌晚了些，但他終其一生都
沒有再作求仕的行動，遂真的令天子不得臣之。

〔註15〕轉引自《唐才子傳校正》卷二，頁 60。
〔註16〕見《唐詩紀事》卷二二，頁 325 所引詩
〔註17〕見《唐才子傳校正》卷二，頁 61 所引

　　再看張碧、長孫佐輔、趙牧、于武陵、任蕃、喻坦之、方干、陳摶等在
屢試不第之後，心理難免充滿了自憐、自傲與憤世疾俗，任蕃不第後謁主司
說：

> 僕本寒鄉之人，不遠萬里，手遮赤日，步來長安，取一第榮父母不
> 得。侍郎豈不聞江東一任蕃，家貧吟苦，忍令其去如來日也？敢從
> 此辭，彈琴自娛，學道自樂耳。〔註18〕

表現出一派落魄書生的口吻，「侍郎豈不聞江東一任蕃？」有幾分的自負，卻
舉場失意，落得「彈琴自娛，學道自樂」確實是「懷才不遇」。我們由其詩作，
亦可窺得落第的深深哀痛。

　　又如方干之〈感懷〉詩：

> 至業不得力，到今猶苦吟。
>
> 吟成五字句，用破一生心。
>
> 世路屈聲滿，雲漢冤氣深。
>
> 前賢多晚達，莫怕髮霜侵。〔註19〕

《唐詩紀事》卷六十三云方干之詩乃「齊梁已來，未之有也」，〔註20〕可見方
干有詩名於當世，只可惜：

> 明主未巡狩，白頭閑釣魚。

一直到過世，除了留下遺憾與時人的感嘆，都沒有解褐的機會，只在身後：「宰
臣張文蔚，中書舍人封舜卿奏名儒不遇者十有五人，請賜一官，以慰冥魂，
干其一也。」〔註21〕

　　又如喻坦之有至友李頻贈詩：

> 從容心自切，飲水勝銜杯。
>
> 共在山中住，相隨闕下來。
>
> 修身空有道，取事各無媒。
>
> 不信昇平代，終遺草澤才。〔註22〕

科考是寒士唯一有機會公平競爭出頭的一條仕途捷徑，雖說「公平」，卻只是
規定，在唐代，干謁風氣如此盛行，沒有媒介者，中舉何其困難？考生再不

〔註18〕見《唐才子傳校正》卷七，頁221。

〔註19〕引自《唐詩紀事》卷六三，頁940所引詩

〔註20〕同前。

〔註21〕同前。

〔註22〕引自《唐才子傳校正》卷九，頁285。

甘心，願意一考再考，沒有公平的主考官，一切仍只是徒然。也許在退隱山林之後，有機會藉清望致官也不一定，於是有了另一型態的退隱者，以隱待時，俟機而出，這一類的人，恐怕就不能算是真隱者了。

（二）

> 賈　島　初為浮屠，名「無本」。連敗文場，囊篋空甚。其作詩當冥搜之際，前有王公貴人皆不覺，游心萬仞，慮入無窮，自稱「碣石山人」。〔註23〕嘗歎曰：知余素心者，惟終南、紫閣、白閣諸山峰隱者耳。以韓愈之助終及第。（摘自《唐才子傳校正》卷五，頁138）

> 孟雲卿　天寶間不第，氣頗難平，志亦高尚，懷嘉遯之節。仕終校書郎。（摘自《唐才子傳校正》卷二，頁61）

關於賈島之傳，究竟他是在累舉不第後出家為浮屠，或「初為浮屠」？《新唐書》卷一七六韓愈傳下的附傳云：「初為浮屠」，《唐詩紀事》卷四〇亦傳之，然《唐才子傳》云其為「初，連敗文場，囊篋空甚，遂為浮屠，名無本」。〔註24〕時間先後在心情上會產生很大差異，在唐代，僧道亦可參加科考，〔註25〕故而賈島成了以此方式出仕者最著名的例子，若他是因連敗舉場而出家，則出家成了暫時的退路，俟韓愈授以文法，為之去浮屠，賈島也終於考上了進士，以此觀之，賈島的隱居只是隱身而不隱心，故為假隱。

至於孟雲卿懷嘉遯之節，孟郊〈哀孟雲卿嵩陽荒居〉詩亦云其嘗居嵩山，〔註26〕孟雲卿兩唐書無傳，《唐才子傳》卷二云其仕終校書郎，可見他並沒有隱居終身，故辛文房於傳末評曰：

> 雲卿稟通濟之才，淪吞噬之俗，栖栖南北，若無所遇，何生之不臣也！身處江湖，心存魏闕，猶杞國之人憂天墜，相率而逃者。匹夫之志，亦可念矣。

其心已不言而喻矣。

〔註23〕此據《全唐詩》卷五七四，，冊4，賈島集四，頁6687下之「碣石山人一軸詩，終南山北數人知。」

〔註24〕見《唐才子傳校正》卷五，頁183。

〔註25〕此說參看傅璇琮《論唐代進士出身及唐代科舉取士中寒士與弟子之爭》頁97～114（出自《中華文史論叢》，1984年5月2期，總30期。

〔註26〕見《全唐詩》卷三八一，頁4271。

科舉制度確立於唐代，武則天時為了鞏固自己的政治地位而大加拔陟進士出身的賢人，從此，果然更加促使天下英雄盡為之白頭。年年寒窗苦讀，年年名落榜外的滋味隱藏了許多沉痛。對於史上公認最為活潑、最急功好利的唐朝士人而言，抑鬱不得志的滋味恐怕更難以忍受，除了一考再考之外，要求身心的平靜，進入空門者大約不少，只是他們的生平名譽不被人所知。我們有幸可以由較可靠的史料知道幾位選擇退隱於江湖之外，栖心山林或等待另一個機會來臨的隱者，於是明白隱逸山林的處士之中，有累舉不第的人，除了藉詩作以見其內心哀痛，也向他們致以深深的同情。他們不是孤獨的一群，科舉考試在日後的一千餘年始終左右著讀書人的前途，有千千萬萬的失意考生，也和他們一樣，幸運的、為人所知的，可以另外的方式致官，或得到身後賜官，並且有人為之抱不平；至於沒沒無聞者，只有無聲無息的存在於世上的某一段時間中，抑鬱以終了。

第三節　沽名釣譽，別有所圖的隱逸

由於帝王的鼓勵，徵召隱賢成了士人在科舉之外的出仕方式之一，本來希望能「激貪勸俗，野無遺賢」的美意到了投機分子的手中便成了走捷徑、圖美官的好方法。唐人在史上的評價原本就較功利，遇上了心圖不軌的人。隱居的內涵更要變質，這些人「託薜蘿以射利，假巖壑以釣名」，〔註27〕完全不是無心仕競之人，且行為較諸前述隱者更等而下之。《新唐書》卷一九六的〈隱逸〉傳序云：

> 放利之徒，假隱自名。以詭祿仕，肩相摩於道，至號終南、嵩少為
> 仕途捷徑，高尚之節喪焉。

可見編寫《新唐書》的作者也肯定唐人之隱有投機放利之徒參雜其中，而這些人是連節操都談不上的。此輩於一九五人中，共占九人。茲述如下：

盧藏用　與兄徵明偕隱終南、少室二山，有意於當世，人目為「隨駕隱
　　　　士」。（摘自《新唐書》卷一二三，頁 4374）

竇　群　以處士召入京，性狠戾，臨事不顧生死之人。（摘自《舊唐書》
　　　　卷一五五，頁 4120；《新唐書》卷一七五，頁 5243）

王　琚　交太子於遊獵間，謀殺太平公主而成勳臣，性毫侈，既失志，

〔註27〕引自《舊唐書》卷一九二，頁 5115．〈隱逸傳〉序。

稍自放，不能遵法度，爲李林甫所誅。（摘自《新唐書》卷一二一，頁 4331）

姜　撫　自言通僊人不死術，隱居不出。開元末召至集賢院，以常春藤、旱藕蒙上求官，事發而逃。（摘自《新唐書》卷二○四，頁 5811，方伎傳）

李　虞　李紳族子，隱而求薦，爲紳所誚。（摘自《舊唐書》卷一七三，李紳傳下，頁 4497；《新唐書》卷一八一，頁 5384）

吉中孚　初爲道士，後還俗，至長安謁宰相，有名於京師，第進士，累官（摘自《唐才子傳校正》卷四，頁 99）

僧清塞　居廬獄爲浮屠，後攜書投姚合以丐品第，因之加以冠巾，使復姓字，然終不達。（摘自《唐才子傳校正》卷六，頁 174）

僧靈徹　與皎然居何山遊講，因以書薦包佶，佶又書致李紓，名動京師，後以誣奏，得罰徙汀州。（摘自《唐才子傳校正》卷三，頁 85～86）

高　駢　少閑鞍馬、弓、刀，善射。有臂力，更剸銳爲文學，與諸儒交，硜硜談治道以戰討之勳，累拜節度，國家倚之。巢賊益甚，兩京亦陷，大駕蒙塵，遂無勤王之意，包藏禍心。帝知之，以王鐸代之，駢失兵柄，方棄人間，絕女色，屬意神仙。（摘自《唐才子傳校正》卷九，頁 269）

這種假隱自名的風氣最爲人所熟知的例子便是盧藏用，《新唐書》卷一二三、《唐詩紀事》卷十，頁 138，都記載了這樣一件事：

藏用字子潛……舉進士，不得調。與兄徵明偕隱終南、少室二山，學練氣，爲辟穀，登衡、廬、訪羊岷、峨。……長安中，召授左拾遺，……附太平公主，公主誅，玄宗欲斬之，後流放……始隱山中時，有意當世，人目爲「隨駕隱士」。晚乃徇權利，務爲驕縱，素節盡矣。司馬承禎嘗召至闕下，將還山，藏用指終南曰：「此中大有嘉處。」，承禎徐曰：「以僕視之，仕宦捷徑耳。」

觀其行徑，眞是「司馬昭之心，路人皆知。」，終南、少室二山原本就是唐代隱者聚集的二座名山，慕神仙，服丹藥是在位者的喜好，朝廷本來就會宣召一些著名的道士入宮，其後又登衡、廬、彷岷、峨也都是隱居的名山，有意於當世之心，也就不言可喻，難怪時人要看他做「隨駕隱士」。司馬承禎的一

句話不知道破了多少隱者的心事。據嚴耕望先生《唐人讀書山林寺院之風尚》一文所述，嵩山、終南、中條山、華山、少室山等都是近畿名山，在這幾個地方隱居，可以較易使名聲聞天子耳中，而受到徵召，無怪乎有心人都會在此聚集，《新唐書》（卷一九六）之隱逸傳說：「肩相摩於道」，可以想見當年盛況。

盧藏用當然得到了他想要的東西，否則假隱之風不會彌漫整個唐朝，史書說他「晚乃徇權利，務為驕縱，素節盡矣」〔註28〕其實何必至晚年才素節盡失？他根本一開始便別有所圖。

再看竇群的例子，早先的時後尚能以節操聞於人，召入宮之後呢？且看其傳：

> ……群兄弟皆擢進士第，獨群以處士客隱毗陵，以節操聞。母卒，齧一指置棺中，盧墓次終喪……貞元中蘇州刺史韋夏卿薦之朝，並表其書，報聞，不召。後夏卿入為京兆尹，復言之，德宗擢為左拾遺。時張薦持節使吐蕃，乃遷群侍御史，為薦判官，入見帝曰「陛下即位二十年，始自草茅擢臣為拾遺，何其難也？以二十年難盡之臣為和蕃判官，一何易？」帝壯其言，不遣。……武元衡、李吉甫皆所厚善，故召拜御史郎中。元衡輔政，薦群代為中丞，群引呂溫，羊士諤為御史，吉甫以二人躁險，持不下。群忮恨，反怒吉甫……上言吉甫陰事。憲宗面覆登，得其情，大怒，將誅群，吉甫為救解，乃免……召還，卒於行，年五十五……群很自用，果於復怨，始召，將大任之，眾皆懼，及聞其死，乃安。〔註29〕

綜合觀之，竇群為了能名顯於時，不惜齧斷一指置母棺中，決心令人佩服，如果沒有後來的行逕，大既看不出他別有居心。應召入仕之後種種行為，都顯示了他是個為達目的，不擇手段，且睚眥必報的人，《新唐書》本傳說他「群很自用，果於復怨」，〔註30〕《舊唐書》則說他「性狠戾，頗復恩讎，臨事不顧生死」〔註31〕都表明了他不是個正人君子，行事、性格，前後大相逕庭，矛盾可怪，要說他的隱居是純心放逸，恐怕沒有人會相信。

〔註28〕見《新唐書》卷一二三，頁4374．〈盧藏用傳〉。
〔註29〕見《新唐書》卷一七五，頁5243．〈竇群傳〉。
〔註30〕同前。
〔註31〕引自《舊唐書》卷一五五，頁4120．〈竇群傳〉；《新唐書》卷一七五，頁5243。

再看王琚這個人，心機更加深沉，《新唐書》卷一二一敘述了他的為人，以下大略言之：

> 少孤，敏悟有才略……時年甫冠，會王同皎（駙馬）謀刺武三思，事洩亡命揚州……玄宗時為太子，閒游獵息休樹下。琚以儒服見，……自是太子每到韋、杜，輒止其家。……琚與太子謀殺太平公主，太子曰：『先生何以自隱而日與寡人游？』琚曰：『臣善丹沙。且工諧隱，頗比優人』。太子喜，恨相知晚，事成。……帝於琚眷委特異，豫大政事，時號「內宰相」。……或說帝曰：『王琚、麻嗣忠皆譎詭縱橫，可以履危，不可以與共安。方天下已定，宜益求純樸經術以自輔。』帝悟，稍疏之。……琚自以立勳。至天寶時為舊臣，性毫侈，既失志，稍自放，不能遵法度……為右相李林甫按其罪誅之。〔註32〕

王琚的死是被構陷，此無疑問，也不是討論的重點，重要的是他的行逕，如何是個儒者？根本是個縱橫家，且頗有膽識，以隱自薦於太子，過程曲折，不知下了多少功夫，其後謀殺太平公主，成功之後享盡榮華，卻又不守法度，終於給了李林甫可乘之機。他的隱，自然包含了求功名利祿的目的。

而姜撫則是個騙子，《新唐書》卷二四○的〈方伎〉傳說他是宋州人，自言通僊人不死術，隱居不出。可是到了開元末，太常卿韋縚祭名山，因訪隱民，時撫已「數百歲」，於是召至東都舍集賢院。告訴人家服常春藤可以使白髮還鬒，長生可致。而且藤生太湖最良，終南山所生之藤還不及太湖的好。玄宗於是遣使者至太湖，多取以賜中朝老臣，並且詔告天下人自求之，還擢撫為銀青光祿大夫。姜撫又告訴人家，終南有旱藕，吃了可以延年益壽，玄宗又用旱藕做湯餅賜給大臣。牛皮終於被戳破了，其實這二樣東西不但方家久不用，民間還有人用酒泡藤來喝，結果暴死之例。這時的姜撫又怕又慚愧，藉著上牢山採藥之名便遁逃了，又是個心機深沉之輩。此外，在討論早年隱居讀書一節中，提到李紳有個族子李虞，以學知名，隱居華陽山，自言不願仕，時來省紳，雅與伯耆、程昔範有善，等到耆為拾遺，虞以書求薦，終於被李紳痛罵了一頓。李虞心有不甘，投靠了李紳的對頭李逢吉，想陷害李紳，事情後來沒成功，但李虞放著好好的宰相族叔不干謁，在當時應該是有清譽的，可是等到他請求伯耆的保薦，被責備後又構陷自己的族叔，這種人品，

〔註32〕王琚傳見《新唐書》卷一二一，4331頁。

怎麼能說高尚呢？

　　爲了求取功名，仕途之上也有道士、僧侶加入行列，且看吉中孚、清塞、靈徹三例。前文已約略談過，唐代之道士、僧侶大多是有學問的知識份子，並不都是胸無點墨之人，且唐代並未規定僧侶、道士不得投身科考，是以在干謁，科舉的路上不乏僧侶、道士。吉中孚初爲道士，以山阿寂寥，後還俗是印證了隱居生活寂寞清苦，不去名利之心，不能安於貧苦，就不能眞正隱居。吉氏後來長安謁宰相，有薦於天子，日與王侯高會，再接著沒多久又第進士，登宏辭科，爲翰林學士……〔註33〕等官職，又是個成功者，以這樣「完美」的人生記錄，要說吉中孚是個眞隱士，恐怕沒幾個人會稱是。

　　清塞與靈徹則是佛門中人，清塞原居廬嶽爲浮屠，後往來終南、少室之間。〔註34〕寶曆中，姚合守錢塘，因加以冠巾，使復姓字。〔註35〕靈徹受詩法於嚴維，及維卒，乃與皎然居何山遊講，因以書薦於包佶，佶又書致李紓，貞元中，西遊京師，名振輦下。可惜當時緇流疾之，造飛語激動中貴，而得罪徙汀州，〔註36〕干謁之事遂無結果，是二個失敗的例子。

　　有人以隱入仕，相對的便會有人以隱保身，高駢就是一例，他的隱居是在有意叛亂之後，兵權被奪，於是想藉隱逸，求神仙以避禍，事情當然沒有成功，但此例則突顯了「隱逸」一事，雖同是別有所求，但目的並不一定是求仕，必須注意。

　　唐代天子，每每刻意搜揚隱逸，除命有司薦舉外，還令人自舉，於是投機者運用智慧，以各種管道隱居以求清望，干謁以尋入仕機會者比比皆是，不光士人如此，以遁入方外者亦躍躍欲試，甚至假僧袍、道服來做手段，等到時機成熟，脫下道服、僧袍，又是一文士，唐人慕求功名利祿之心，委實熱烈。

第四節　以祿代耕的吏隱

　　隱逸在唐代既然爲風尚。流風所及，有幸躋身魏闕的文士自然也有隱逸傾向，這其中有士人的宦途艱困，轉而希企隱逸生活，以解憂苦心境者；也

〔註33〕吉中孚傳見《唐才子傳校正》卷四，頁99。
〔註34〕僧清塞傳見《唐才子傳校正》卷六，頁174。
〔註35〕傳見《唐才子傳校正》卷六，頁174。
〔註36〕傳見《唐才子傳校正》卷三，頁85～86。

有生性疏放，樂好山林生活，卻因生計而爲官者，諸多原因，有一大共通特色，那就是都有希企隱逸的傾向，只是限於現實生活而不得遂其志罷了。其中最有名的，是王維與白居易。不可否認的，唐代士人都有一股奮進的生命力，年少時熱情，冀望仗劍殺敵，豪邁不群，有愛國的、願意經世濟民的情操，王維也不例外，可是在張九齡罷相（開元二十五年），李林甫上台主政之後，仕途生活即有了危機。王維感覺到自己恐怕要爲時所累，於是開始對政治生活抱持可有可無的消極態度，並且從思想和生活方式自覺的走入宗教。陳鐵民在《王維與道教》一文中肯定了王維對於宗教採佛道融合的立場，此爲當時（張九齡罷相後）的時代風尙。〔註 37〕他不是個功成身退的隱士，因爲他曾於安史之亂，身陷賊手，獲赦後他也不是就此絕意仕途，認爲當官並不好，因爲當王維蒙肅宗寬赦其罪時，寫下了這樣的詩：

> 忽蒙漢昭還冠冕，始覺殷王解網羅。
> 日比皇明猶自暗，天齊聖壽未云多。
> 花迎喜氣皆知笑，鳥識歡心亦解歌。
> 聞道百城新佩印，還來雙闕共鳴珂。〔註38〕

故而王維「晚年唯好靜，萬事不關心。」〔註39〕恐怕也不全是王維的眞性情，但不影響其高潔性格。《舊唐書》卷一九〇，〈文苑傳〉述王維奉佛後「居常蔬食，不茹葷血，晚年長齋，不衣文采……在京師日飯十數名僧，以玄談爲樂。齋中無所有，唯一茶鐺、藥臼、經案、繩床而已。退朝之後，焚香獨坐，以禪誦爲事。妻亡不再娶，三十年孤居一室，屛絕塵累。」生活悠閑而少牽掛。以時間來看，王維的年代跨越盛唐與中唐初年，在仕隱一類的隱者中，算是際遇最好、宦途平順，令人羨慕的隱者。只是他自己恐怕沒有自覺要以隱鳴高，因爲這樣既隱又仕的方式，在中唐以後，因政局產生變化（安史亂後，唐之國力由盛轉衰），當時文士若非失意者，有退隱的必要，宦途平坦的文人也會藉「不求仕進」的形象來包裝自己，以求自保，而宗教（佛、道二教）剛好是最好的選擇，既不違反當政者的信仰與愛好，又符合社會大眾所景仰

〔註37〕參考《文學遺產》1989 年 5 月，陳鐵民〈王維與道教〉一文，頁 56～62；莊申〈王維道家思想生活〉，見於《大陸雜誌》卷 33 第 8 期，頁 12～14，亦有相同看法。

〔註38〕詩見《全唐詩》卷一二八，冊 4，頁 1297，王維集第四〈既蒙宥罪旋復拜官伏感聖恩，竊書鄙意兼奉簡新除使君等諸公詩〉。

〔註39〕詩見《全唐詩》卷一二六，冊 4，頁 1267，王維集第二，〈酬張少府詩〉。

的清高形象，故奉佛求道是當代之風尚，處身廊廟者在居官的同時，會自覺或不自覺的在行為上表現出和隱逸者相似的意趣，而王維只是要在政局黑暗的情況下，塑一個隱者形象，找一個精神的避難所罷了！以政治角度看，他並不是真隱士，但以精神層面來看，他則是有智慧的文人。

再看白居易，他也是仕途平順的人，基本上並沒有不遂志的苦悶，可是政治的波譎雲詭，使夾身在牛、李黨爭時代的白居易感到不能自安的威脅，因為「由來君臣間，寵辱在朝暮」，為了免禍，他的表現總是很消極，轉而把心放在宗教之上，不但與僧侶結淨社，也自號「醉吟先生」、「香山居士」，〔註40〕他在翰林學士任上，有「自題寫真」詩云：

> 我貌不自識，李放寫我真。
>
> 靜觀神與骨，合是山中人。
>
> 蒲柳質易朽，麋鹿心難馴。
>
> 何事赤墀上，五年為侍臣。
>
> 況多為狷性，難與世同塵。
>
> 不惟非貴相，但恐生禍因。
>
> 宜當早罷去，收取雲泉身。（《白香山詩長慶集》卷六，藝文印書館，
> 1971年，頁131）

白居易晚年以刑部尚書致仕，官位正三品，職位不低，應當沒有經濟上的困難，但他思想確確實實由「兼善天下」的志向轉為「獨善其身」，只是缺乏了實際行動，到了晚年又似罷官，又似不罷官；又似隱居，又似不隱居，如果用「託仕監門，寄臣柱下，居易而以求志，處汙而不愧其色，此所謂大隱隱於市朝。」〔註41〕來解釋，應是「仕隱」一類，而他自創了「中隱」一詞名之：

> 大隱住朝市，小隱入丘樊。
>
> 兵樊太冷落，朝市太囂喧。
>
> 不如作中隱，隱在留司官。
>
> 似出復似處，非忙亦非閒。
>
> 不勞心與力，又免飢與寒。

〔註40〕白居易傳見《唐才子傳》卷六，頁165。

〔註41〕見《梁書》卷五一，頁731～732，〈處士列傳〉。（臺北：鼎文書局，民國64年臺一版。

終歲無公事，隨月有俸錢。

……

賤即苦陳餒，貴則多憂患。

唯此中隱士，致身吉且安。

這樣的隱居，既不必負責任（因隱於閑官），又有俸祿可領，實在安逸穩當。
因為隱士絕不是餐風飲露，辟穀療飢的神仙，沒有飯吃，隱士就得謀生計，
否則隱逸自適的生活就會變質。胡震亨在《唐音癸籤》卷二十五中有段話，
算是道盡隱者的心聲：〔註42〕

王績之詩曰：「有客談名理，無人索地租」。隱如是，可隱也。陶潛
之詩曰：「飢來驅我去」，「叩門拙言辭」。如是隱，隱未易言矣。白
樂天之詩曰：「冒寵已三遷，歸朝始二年，囊中貯余俸，園外買閑田」。
如是罷官，官亦可罷也。韋應物之詩曰：「政拙忻罷守，閑居初理生。
聊租二頃田，方課子弟耕」。罷官如是，恐怕正未易罷耳。韋與陶千
古並稱，豈獨以其詩哉。

生活是現實的，隱居也有經濟條件，顯然，胡震亨肯定是陶、韋的甘於困苦，
但隱居有巨資豈非更安逸？於是以仕隱形態來隱居的仕者便不少了。

孟　郊　調溧陽尉，縣有投金瀨，平陵城，林薄蓊翳，下有積水，郊間
往作水傍，命酒揮琴，徘徊終日賦詩，而曹務多廢，縣令白府，
以假尉代之，分其半俸。（摘自《新唐書》卷一七六，頁5265）

暢　當　以子弟被召參軍，貞元初為太常博士，仕終果州刺史，多往來
嵩、華間。結念方外，頗參禪道。天柱山有隱所。（摘自《唐才
子傳校正》卷四，頁113）

殷　遙　天寶間常仕為忠王府倉曹參軍。與王維交，同慕禪寂，志趣高
疏，多雲岫之想，而苦家貧。（摘自《唐才子傳校正》卷三，頁
71）

李　頎　開元二十三年進士及第，調新鄉縣尉，性疏簡，厭薄世務，慕
神仙，結好塵暄之外。（摘自《唐才子傳校正》卷二，頁49）

馬　戴　會昌四年進士，苦家貧，為祿代耕，歲廩殊薄，然終日吟事，
清虛自如。（摘自《唐才子傳校正》卷七，頁219）

〔註42〕《唐音癸籤》卷二十五見《景印文淵閣四庫全書》集部冊七七四，頁1482之
674（臺灣商務印書館，民國75年7月初版）。

嚴　維　以家貧親老，不能遠離，授諸暨縣尉，嚴中丞節度河南，辟佐
　　　　幕府，遷餘姚令，終右補闕。少無宦情，懷家山之樂，以業素
　　　　從升斗之祿，聊代耕耳。（摘自《唐才子傳校正》卷三，頁 84）

曹　唐　初為道士，又舉進士，咸通中為諸府從事。生平之志甚激昂，
　　　　始起清流，志趣澹然，有凌雲之骨，追慕古仙子高情，至是簿
　　　　宦，頗自鬱抑。（摘自《唐才子傳校正》卷八，頁 251）

盧　仝　干祿代耕，非近榮也。安卑從政，非離群也。（摘自《全唐文》
　　　　卷五二一，〈舒州望江縣丞盧公墓銘〉）

蕭　祐　少孤貧，隱居，徵拜為左拾遺，累官至大和二年，卒於官。為
　　　　人喜遊心林壑，嘯詠終日，所交游多高士。（摘自《舊唐書》卷
　　　　一六八，頁 4380）

司空曙　性耿介，不干權要，家無甔石，晏如也，後累官左拾遺，終水
　　　　部郎中。以故，遷謫江右，多結契山林，暗傷流景。（摘自《唐
　　　　才子傳校正》卷四，頁 103）

劉慎虛　開元間調洛陽尉，遷夏縣令，性高古，脫略勢利，嘯傲風塵，
　　　　後欲卜廬阜，不果。交游多山僧道侶。（摘自《唐才子傳校正》
　　　　卷一，頁 27）

王季友　家貧賣屨，好事者多攜酒就之，洪州刺史李公辟佐幕府，崎嶇
　　　　士林，傷哉貧也。摘自《唐才子傳校正》卷四，頁 114）

　　究其因，仕隱者，有經濟因素，為了生活不得不然，故只好以干祿代耕，
如嚴維、馬戴、殷遙、盧仝、司空曙、王幸友輩，正如胡震亨之論，隱居沒
有薄田療飢，終究要向現實低頭，讀書人能以何方式營生？既拙於生計，出
仕恐怕是較理想，且足以養家活口的方式，這是情有可憫的。至若以隱為名，
又戀棧仕祿者，就不是好事了。試看孟郊，為了戀慕山水之勝，表現自己志
不在仕位，竟「往坐水傍，命酒揮琴，裴回賦詩終日，而曹務多廢，縣令白
府，以假尉代之，分其半俸」，居官不能盡忠職守，做好自己的分內事，實在
不是好官，欲將生民置於何處？居官者於公退之暇，持身略如隱士，是個人
生活的自由，如果要鬧到廢弛公務，又不以為意的地步，並不值得憬仰。

　　在這類隱士中尚有以個性使然，厭薄俗務者，如李頎在傳記中未言其家
貧，非出仕不足以養家，但云其「性疏簡，厭薄世務，慕神仙，服餌丹砂，

期輕舉之道。結好塵喧之外，一時名輩，莫不重之。」〔註43〕讓人不解的是，
為甚麼不乾脆棄官歸隱算了？《唐才子傳》沒提，姑且將之視為徘徊仕隱之
間，內心有衝突，但選擇了仕宦之人，以相對於選擇退隱者，畢竟每個人都
有選擇人生的自由，他們或許終其一生沒有表現，只是一介小官，仍不能否
定他們有隱逸的傾向。

　　也有一心隱逸，卻不被允許的，如劉慎虛，個性高古，不會縛於名利，
卻欲卜盧皇而不能，只好以交游山僧道侶來聊慰隱逸之志。暢當也是以往來
嵩、華間，喜結念方外，參禪道的仕隱之士。

　　這類隱士呼應了唐代士人的流行，使隱逸這件成了士人必備的生活經
驗，人人以隱鳴高，即便明明出仕了，仍要放逸山林一番。其實既在其位，
就要謀其政，為了表現自我的清高而不務曹務，甚至在有人抗議了，還要找
個「假尉」來代工，不免給人毫無責任感的印象，這不正是「尸位素餐」的
寫照嗎？因家貧而就任，聊以薄俸代耕在情理上可以原諒，至若邢些只顧表
現清高，不顧人民生計的「仕隱」之徒，個人以為是不值得肯定的。

第五節　避亂之隱

　　在局勢動亂、政局黑暗的時代，戰爭往往成為知識分子不得不避居山林
的強大壓力，所有的隱居理由都可以士人自己選擇，唯獨戰亂沒辦法，那是
誰也無法抗拒的人禍，是最現實不過的隱居因素。唐代雖在歷史上稱盛世，
但自玄宗朝安史之亂以後，國勢便日衰，藩鎮割據各州，擁兵自雄，叛亂迭
生，時時威脅中央，而唐室王朝也是內有宦官專政，外有朝士相爭的局面，
再加上自懿、僖以來南詔、回紇、吐蕃的連番進寇侵擾，早已使朝廷為平亂
疲於奔命，直至終唐，都沒有一段較長時間的安定。在這種動亂的條件下，
出仕的道路充滿了危機，士人們即或有心科考入仕，眼見天下局勢大亂，出
仕不如隱晦，還是留在山林之中較安全。於是在隱逸的士人中，便有一部分
的人因生不逢時，只好歸隱不出。茲分述如下：

（一）避安史之亂者：

　　元　結　少居商山中，稱「元子」，安史亂起，逃入琦玗洞，稱琦玗子。
　　　　　　　　　　　　　　（摘自《唐才子傳校正》卷三，頁73）

〔註43〕見《唐才子傳校正》卷二，頁49。

令狐峘　天寶末及進士第，遇祿山亂，隱南山豹林谷，谷中有別業。（摘自《舊唐書》卷一四九，頁4011）

楊　綰　未任時，避難南山，止於令狐峘別業。（《舊唐書》卷一四九，頁4011）

李　華　祿山亂，李華爲賊所得，僞署鳳閣舍人，華自傷隳節屏江南。（摘目《舊唐書》卷一九○，頁5047，〈文苑〉下）

盧　綸　避天寶亂，客鄱陽，與吉中孚爲林泉之友。大曆初，數舉進士不入第，歸終南別業。（摘自《新唐書》卷二○三，頁5785，〈文藝下〉。《唐才子傳校正》卷四，頁97）

張子容　初與孟浩然同隱鹿門山，後值亂離，流寓江表，棄官歸隱舊業以終。（摘自《唐才子傳校正》卷一，頁22）

王昌齡　以兵火之際歸鄉里，與常建、張僓同隱，獲大名於當時，後爲刺史閭丘曉所忌而殺。（摘自《唐才子傳校正》卷二，頁36）

康　洽　遭天寶亂離，飄蓬江表。（摘自《唐才子傳校正》卷四，頁109）

秦　系　天寶末，避居剡溪，自號「東海釣客」。（摘自《新唐書》卷一九六〈隱逸〉頁5608）

齊　抗　少值天寶之亂，隱居會稽剡中讀書。（摘自《舊唐書》卷一三六頁3756）

皇甫冉　天寶十五年進士，因亂避地陽羨山中別業，耕山釣湖放適閑淡。（摘自《唐才子傳校正》卷三，頁77）

蕭穎士　見安祿山寵恣，預見亂事，即託疾游太世山。（摘自《新唐書》卷二○二〈文藝中〉，頁5767）

陽　衡　天寶問避地至江西，與符載、李群、李勃同隱廬山。（摘自《唐才子傳校正》卷五，頁164）

甄　濟　天寶中，隱居衛州青岩石，遠近服其仁。安祿山辟爲范陽書記，查其有反意，遂託病亡歸。（摘自《新唐書》卷一九四，頁5567）

權　皋　權德輿之父，安祿山強召之，僞稱病卒，逃於江南。……兩京蹂於胡騎，士君子多以家渡江東，知名之士李華、柳識兄弟者，皆仰皋之德而友善之。（摘自《舊唐書》卷一四八，頁4001）

綦母潛　見兵亂，官況日惡，乃掛冠歸隱江東別業。（摘自《唐才子傳校正》卷二，頁35）

　　以上諸人皆以避安史之亂歸隱者，屬中唐時期，至唐末天下大亂，士人避官隱居者量更多：

（二）唐末避亂者

司空圖　唐末大亂，乃隱於中條山知王官谷，自號耐辱居士，作休休亭，日與名僧高士遊詠其中。（選自《舊唐書》卷一九○，頁5082，〈文苑下〉）

顧　雲　與杜荀鶴、殷文圭友善，同隸業九華山。咸通中登第，因禮退居，杜門著書。（摘自《唐詩紀事》卷六七，頁1012）

李昭象　居九華。與張喬、顧雲輩為方外友。（摘自《唐詩紀事》卷六七，頁1013）

張　濬　羸服屏居金鳳山，學縱橫術，以處士薦為官。黃巢之亂，稱疾，挾其母走商山。（摘自《新唐書》卷一八五，頁5411）

孫　魴　唐末鄭谷避亂歸宜春，魴往依之。（摘自《唐詩紀事》卷七一，頁1056）

張　彪　初應舉不第，適逢喪亂，奉老母避地隱居嵩山。（摘自《唐才子傳校正》卷二，頁68）

張南史　肅宗時為參軍，後避亂寓居揚州揚子，再召未及赴而卒。（摘自《唐才子傳校正》卷三，頁90）

李　涉　早歲客梁園，數逢兵亂，避地南來，樂佳山水，卜隱匡廬香爐峰下石洞間，所居稱「白鹿洞」。後徙居終南。（摘自《唐才子傳校正》卷五，頁135）

戴叔倫　初以淮、汴寇亂，攜族避地鄱陽。肄業勤苦，志樂清虛，閉門卻掃，與處士張眾甫、朱放素厚。（摘自《唐才子傳校正》卷五，頁155）

朱　放　避歲饉，遷隱剡溪、鏡湖間。（摘自《唐才子傳校正》卷五，頁141）

飽　溶　初隱江南山中，後避地遊四方。卒飄蓬薄宦，客死三川。（摘自《唐才子傳校正》卷六，頁171）

來　鵬　豫章人，家徐孺子亭邊，林園自樂。後遭廣明庚子之亂，避地遊荊襄，艱難險阻南返，中和客死於維揚逆旅。（摘自《唐才子傳校正》卷八，頁236）

陳　陶　屢舉進士不第，遂隱居不仕，自稱「三教布衣」。大中中，避亂
　　　　入洪州西山，學神仙咽氣有得。（摘自《唐才子傳校正》卷八，
　　　　頁 234）

羅　隱　乾符初舉進士，累不第。廣明中，遇亂歸鄉里。亦嘗居九華山。
　　　　（摘自《唐才子傳校正》卷九，頁 275）

唐彥謙　乾符末，攜家避地漠南。（摘自《唐才子傳校正》卷九，頁 267）

杜荀鶴　居九華，自號九華山人。擢第後，見時危勢晏，後還舊山。亦
　　　　嘗居廬山讀書。（摘自《唐詩紀事》卷六五，頁 980，《唐才子傳
　　　　校正》卷九，頁 267）

沈　彬　以離亂，南遊湖、湘，隱雲陽山數年，歸鄉里，獻詩南唐主李
　　　　昇，赴辟。初經板蕩，與韋莊、杜光庭、貫休俱避難在蜀。（摘
　　　　自《唐才子傳校正》卷十，頁 320，《唐詩紀事》卷七一，頁 1045）

張　喬　巢寇為亂，遂與伍喬之徒隱居九華山。（摘自《唐才子傳校正》
　　　　卷十，頁 299）

呂　巖　值黃巢之亂，遂攜家歸終南，放跡江湖間。（摘自《唐才子傳校
　　　　正》卷十，頁 311）

王貞白　見世亂，退居著書，不復干祿。（摘自《唐才子傳校正》卷十，
　　　　頁 303）

曹　松　字夢徵，早年未達，嘗避亂居洪州西山。（摘自《唐才子傳校正》
　　　　卷十，頁 316）

唐　求　唐末遇亂，絕念鼎鐘，放曠疏逸，出處攸然，居蜀之味江山，
　　　　人謂之「唐隱居」。（摘自《唐詩紀事》卷五十，頁 766。）

　　然避亂因素之隱居，可說是傳統士人無法抗拒的選擇，並不是唐末文士
的專利，初唐之際，天下未定，崔信明是前朝堯城令，當時竇建德僭號，是
隋末反抗勢力中最大的一支，信明有族弟因仕為建德之鴻臚卿，於是勸信明
降則當得美官，沒想到他回絕了：

　　　昔申胥海畔漁者，尚能因其節，吾終不能屈身偽主，求斗筲之職。

〔註44〕

並且立刻踰城而遁，隱於太行山。事實證明崔信明的眼光是正確的，他後來
在貞觀六年應詔舉得官，是屬於因時代動亂現不得不隱的人，等到隱居原因

─────────────

〔註44〕見《舊唐書》卷一九○，〈文苑〉上，頁 4991。

消失了，雖改朝換代，仍可以出仕。崔信明是南北朝來的大家族人，史書上載他常「矜其門族，輕侮四海士望」，〔註45〕在當代的評價並不好，可見高門也不能抗拒戰亂所帶來的影響。

唐室至安史之亂走向衰亂之局，在強藩交兵，寇亂屬興之下，終唐之世，士庶所受兵燹荼毒，是可以想見的，當此之際，不要說是士人，即使平民百姓也一定冀求者陶淵明的「桃花源」那種男耕女織。黃髮垂髫，並怡然自樂的生活，然而現實生活中的紛亂。絕不允許這種平靜存在，故而知識份子要隱居韜晦，也就很自然了。《唐才子傳》卷一王績傳後有一段議論，便是談這一類隱逸：

> 唐興，迨季葉，治日少而亂日多，雖草衣帶索，罕得安居。當其時，遠釣弋者，不走山而逃海，斯德而隱者矣。自王君以下，幽人間出。旨遠騰長往之士，危行言遜，重撥禍機，糠覈軒冕，掛冠引退，往往見之。躍身炎冷之途，標華黃、綺之列。雖或累聘丘園，勉加冠佩，適足以速深藏於藪澤耳。然猶有不能逃白刃，死非命焉。夫跡晦名彰，風高塵絕，豈不以有翰墨之妙，騷、雅之奇，美哉！文章，為「不朽之盛事也」。恥不為堯、舜民，學者之所同志；致君於三、五，懦夫尚知勇為。今則捨聲利而向山棲，鹿冠烏几，便於錦繡之服；柴車茅舍，安於丹雘之廈；藜羹不糝，甘於五鼎之味；素琴濁酒，和於醇飴之奉；樵青山，漁白水，足於佩金魚而紆紫綬也。時有不同也，事有不侔也。向子平曰：『吾故知富不如貧，貴不如賤；第未知死何如生！』此達人言也。易曰：「遯之時義大哉」。

總而觀之，隱居與時勢是脫不了干係的，吾人可由眾唐代士人中得到例證。

初唐時的大詩人王績被認定其隱居是因為個性疏放，他的出仕不過是為了飲酒（見新，舊唐書隱逸傳），大部分的生命都在隱居之上，這是他的中晚年寫照，而早年呢？試看他的詩作：

> 弱齡慕奇調，無事不兼修。望氣登重閣，
> 占星上小樓，明經思待詔，學劍覓封侯。
> 棄繻頻北上，懷刺幾西遊，中年逢喪亂，
> 非復昔追求。失路青門隱，藏名白社遊。〔註46〕

〔註45〕同前註。
〔註46〕見《東皋子集》卷中，頁5，〈晚年敘志示翟處士正師〉。（四部叢書刊續編，

可以見出他的歸隱在早期並非本心，那是因爲改朝換代，形勢混亂所不得不做的必然抉擇。前述崔信明者亦是以時局不可爲而遯逃。《資治通鑑》卷一九二〈唐紀〉八，太宗貞觀元年云：

> 唐初，士大夫以亂離之後，不樂仕進。〔註47〕

可見「明哲保身」一直是士大夫奉守的隱逸準則，這就難怪《舊唐書》要稱讚王績：

> 傷其時而晦其用，深識之士也。

而在造成唐室走向衰敗的安史之亂中，因避地隱居的人開始大爲增加，此時的社會，民生凋蔽，蕭條悽慘，爲了躲避戰禍與賊人的強行應辟，只好遷往安全的地方，當時的隱所，不是在深山，就是在江表、江南，我們由前述安史之亂時的避亂隱者可以得到證明。其後乾符年間的黃巢之亂又掀起隱居的高潮，《舊唐書》卷二百下黃巢傳描述這場亂事所帶來的浩劫：

> 京畿百姓皆砦於山谷，累年廢耕耘，賊坐空城，賦輸無入，穀食騰踴，米斗三十千，官軍皆執山砦百姓鬻於賊爲食，人獲數十萬。朝士皆往來同、華，或以賣餅爲業。……賊怒坊市百姓迎王師，乃下令洗城，丈夫丁壯殺戮殆盡，流血成渠。……關東仍歲無耕稼，人餓倚牆壁間，賊俘人而食，日殺數千。賊有椿磨砦，爲巨碓數百，生納人於臼碎之，合骨而食。

由內容來看，不難想見當日屍橫遍地，哀鴻滿路的慘狀，因此避難入山，絕念鐘鼎的人就大爲增加了。韓偓「卜隱」詩曰：

> 世亂豈容長悵意，景清還覺易忘機。〔註48〕

「贈隱逸」詩又云：

> 莫笑亂離方解印，猶勝顚蹶未抽簪。〔註49〕

正所謂「遯之時義大哉！」一個「時」字，包含有士人內心多少複雜、無奈的衝突！

綜合言之，此類因亂避的隱者，大抵傳論都有芳譽，或贊其素風可嘉，如王維贈詩綦毋潛：

集部別集類，第 31 函，上海商務印書館）

〔註47〕見《資治通鑑》卷一九二，〈唐紀〉八，頁 6043。（臺北：洪氏出版社）

〔註48〕見《全唐詩》卷六八一，韓偓集二，頁 7082。

〔註49〕同前。

明時久不遠，棄置與君同，

天命無怨色，人生有素風。〔註50〕

或稱君子。如《唐才子傳》卷十評王貞白曰：

其深惟存亡取捨之義，進而就祿，退而保身，君子也。

或譽「隱君」，如唐求，《唐才子傳》卷十說他：

絕念鐘鼎，放曠疏逸，出處悠然。居蜀之味江山，人謂之「唐隱居」。

能在危亂之際明哲保身，當然值得稱讚，但他們是不是就無心鐘鼎了呢？恐怕不是。且看

李昭象之《寄獻山中顧公員外》詩寺云：

抽卻朝簪著釣簑，近來聲跡轉巍峨。

祥麟避網雖山野，丹鳳銜書即薜蘿。

乍隱文章情更逸，久閑經濟術翻多。

深慚未副吹噓力，竟困風埃爭奈何。〔註51〕

詩意大略隱而不靜，心有未甘，可以想見因時而隱的無奈。又如張南史，《唐才子傳》說他：

游心太極，嘗幅巾藜杖，出入王侯之宅十年，高談闊視，慷慨奇士

也。〔註52〕

他在肅宗時為參軍後避亂寓居揚州揚子，以生平觀之，隱居在安史亂前是手段，安史亂時是不得已，此絕非甘心雌伏之人。再看張濬，原是個性通脫無檢，被士友擯薄之人，因不得志而羸服屏居金鳳山，學縱橫術以捭闔干時，黃巢亂起，他不得已挾母避居商山。亂平後任官，由史傳中見其議論呫呫，實不枉所學。〔註53〕

顧雲也是位切於成名之士，未第時嘗以啟示陳於所知，只望「丙科盡處，竟列於尾株之前也」〔註54〕等到避亂的隱居因素消失了，他又出世為宦，證明了避亂隱居不過是一時的不得已，有心鐘鼎食的士人，隱居只是在等待機會，其存心絕不同於有素節的真君子。

〔註50〕轉引自《唐才子傳校正》卷二，頁35，〈綦母潛傳〉。

〔註51〕見《唐詩紀事》卷六七，頁1013。

〔註52〕見《唐才子傳校正》卷三，頁90。

〔註53〕見《新唐書》卷一八五，張濬本傳，頁5441。

〔註54〕見《唐詩紀事》卷六七，頁1012。《太平廣記》卷一八四，第八則，頁1375。
《太平廣記》（臺北：文史哲出版社，宋・李昉，等編，民國76年5月版。）

第五章　唐人隱逸的實質

　　本章主在爲上三章分類作結論，就數字分佈狀況，呈現唐人隱逸概況，並探討唐人眞、假隱的實質與流行的盛況，文分五節。第一節，統計各類隱逸人數、眞假隱人數，並作圖表說明。第二節就「終南捷徑」典故呈現唐人藉隱入仕的功利動機。第三節主述隱逸流行之盛況。第四節爲唐人之眞隱。第五節爲唐人的假隱，敍述唐人隱逸眞假的實質。

第一節　數字與說明

　　總結二、三、四章的分類，一九五個取樣中，類別、分布人數如下：

（1）栖逸山林，無心仕進者	十八人
（2）進退有據的儒者之隱	七人
（3）皇親貴族之隱	二人
（4）以隱入召且就官者	二十五人
（5）登第後又不務進取的矛盾之隱	十一人
（6）仕而後隱者	三十五人
（7）早年讀書山林者	二十四人
（8）累舉不第的失意隱者	十一人
（9）沽名釣譽、別有所圖之隱	九人
（10）以祿代耕之隱	十四人
（11）避亂之隱	三十九人

　　上述分類係以各人之傳記內容，按隱逸事實之共同特徵作分類，可以看出唐代士人隱逸之原因，並不完全是足崖壑而志城闕的假隱逸，走上隱居這

條路的時間先後，往往關係著隱居者的動機、目的，如先達後隱者與累舉不
第的失意隱者在思慮上便有平靜與憤怨的分別；因避亂而隱與原本即無心仕
進者的隱逸在原因上也有被動與主動的差異，所以大致說來，未可以偏概全
的說唐人之隱全繫在一個「利」字上。

　　以取樣而論，《唐才子傳》十卷收有正附傳共三百九十八人，〔註1〕作者
辛文房在選人的標準上，楊士奇說他是「行事不關大體，不足爲勸戒者不錄，
作史之體也。〔註2〕周本淳說他是持別嚮往能文能武，「光烈垂遠」的「通方
之士」，鄙視倚仗門蔭而虛度歲月的紈褲子弟，對於「仰蔭承葉」、「厭飫膏梁」、
「區區涼德，徒曰貴介」他不屑多廢筆墨錄其名姓，只以趙光遠等爲代表（參
考《唐才子傳》卷九，趙光遠傳），對於出身寒賤，而能在文學上奮發有爲的
人，他贊不絕口。對於爲官，他贊揚令狐楚那種薦賢不遺餘力的人，反對元
稹的嫉妒……，〔註3〕可見《唐才子傳》雖有不少問題──如時間的錯落、地
理的訛誤、人物史料也有誤甲爲乙或褒貶失實等，但選人至少有其原則，不
脫知識分子的範圍，加之收錄女人、女道士，可見其眼光不狹隘，符合了本
論文士人的意義界定，故用以輔兩唐書之不足，使樣本更臻普遍化，而不受
兩唐書之限制。

　　綜合過濾五百八十四人之傳記之後，選出確實有隱逸事實，且傳記內容
可見其人一生梗概者，共得一九五人，（其中荒誕不可信者不收）約占了百分
之三十三，可見唐代約三分之一的文人選擇隱居爲退路，比例相當高，確實
蔚爲風氣。故隱逸在唐代社會中的實際情況，有詳究的必要。

　　按內容分析，上述十一類型之隱居並不完全可以就此判斷眞假，因個人
以爲士人在選擇隱逸山林時內心時有多重衝突，若不詳細比對其人一生的經
歷，很難下結論，以「累舉不第」的一類失意隱者爲例，選擇隱居就有旺盛
企圖心，想藉隱以增清望而增加干謁籌碼的，以及黯然隱於山林者在動機上
是有分別；又即使在當代被稱爲「高士」的隱者，在留下的作品中也不乏「有
意於當世」的意圖，故眞假隱的判別，須依傳主之本傳內容爲主，這是要特
別強調的。

〔註1〕人數之確定是正附傳共398人（扣除卷十所錄之鬼），然楊士奇之《書唐才子
　　　　傳》後的計算是397人，《四庫全書總目提要》史部七，傳記類亦爲397人。
〔註2〕語見《唐才子傳校正》一書後所附目錄，《書唐才子傳》頁333。比文亦見於
　　　　楊士奇之《東里文集》卷十。
〔註3〕參考《唐才子傳校正》一書，頁1、2之前言，周本淳之敘述。

※隱逸類別分佈圖：

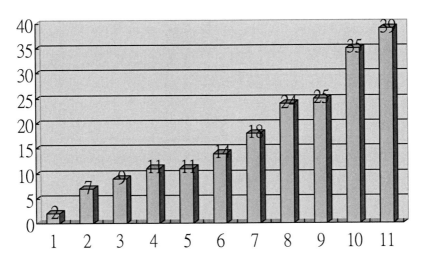

備註：以上圖表之號碼代表下列之意

1. 皇親貴族之隱

2. 進退有據的儒者之隱

3. 沽名釣譽、別有所圖之隱

4. 累舉不第的失意隱者

5. 登第後又不務進取的矛盾之隱

6. 以祿代耕之吏隱

7. 栖逸山林、無心仕進之隱

8. 早年讀書山林者

9. 以隱入召且就官者

10. 仕而後隱者

11. 避亂之隱

※人數統計表：〔註4〕

類 別	人 數	百 分 比 ％
皇親貴族之隱	2	1
進退有據的儒者之隱	7	3.6
沽名釣譽、別有所圖之隱	9	4.6

〔註4〕非隨機抽樣，據柴松林之《統計學》頁 168 之解釋，是依研究者主觀之判斷而選取樣本，稱之。

累舉不第的失意隱者	11	5.6
登第後又不務進取的矛盾之隱	11	5.6
以祿代耕之吏隱	14	7.2
栖逸山林、無心仕進之隱	18	9.3
早年讀書山林者	24	12.3
以隱入召且就官者	25	12.8
仕而後隱者	35	18.0
避亂之隱	39	20.0
合　計	195	100

　　依前分類的人數分布，（如圖所示）可以很清楚的看出隱居的原因以戰亂因素為最高（占百分之十九‧七），其次是已出仕而後歸隱的一類人（占百分之十七‧七），反而久舉不第為十一人（占總數的百分之五‧六），並沒有想像中那麼多人，當然它也就不是士人在失意之餘選擇退隱的主要因素了。其中較有疑問的是「早年讀書山林」的一類，其實讀書、吟誦原本就是山中生活的內容之一，知識分子的隱逸與讀書根本脫不了干係，隱居者中也多以求學、教學為職志的，故這一類特別界定在只以讀書求功名為目的者（約占百分之十二‧三），看起來似乎不符實際情況。

　　而唐代士人之隱最特別的「仕隱」一類，共十四人（約占總隱居人數百分之七‧一），不算太高，因為能出仕者在所有文士之中屬最少數的一群，但也不是太低，對社會風氣的影響，不能說沒有一點「助力」。

　　以下分析真假隱人數：

（1）栖逸山林、無心仕進這一類共七人，十八人中真隱十八人。

（2）進退有據的儒者之隱共七人，全屬真隱。

（3）皇親貴族之隱，二人皆屬真隱，武攸緒乃個性使然，不樂競進，劉得仁則以舉場失意而隱。

（4）以隱就召且就官者共二十五人，假隱二十二人，真隱三人。

（5）登第後又不務進取者十一人，這一類人終生無心仕進者七人，隱後又出仕者四人。

（6）仕而後隱者共三十五人，其中因仕途不遇而隱者十三人，因受道籙度為僧者三人，因年老生病等原因者十九人，其中屬真隱二十一人；假隱十五人。

（7）早年讀書山林者共二十四人，以其後皆赴科考，故為暫時性隱居，

屬假隱。

（8）累舉不第的失意隱者有十一人，其中就此隱居以終，不復出世者九人，以內心仕隱衝突的程度而言，他們都不算眞隱士。且先歸隱俟機而出者二人，當然屬假隱。

（9）沽名釣譽、別有所圖之隱，當然爲假隱，共九人。

（10）以祿代耕的隱者，無論是否迫於生計而仕，基本上未脫「利祿」之誘，全屬假隱，共十四人。

（11）避亂之隱，爲求保身不得已居多，等到迫使隱居的原因消失，又可出仕，故此類隱者有三十九人，皆屬假隱。

總計各類眞假隱得以下結果：

眞隱　　　　　　　共五十八人
假隱　　　　　　　共一三七人
　合計　　　　　　一九五人

由數字看來，唐人假隱逸之風確實旺盛，約爲百分之七十的隱逸可歸納爲假隱，而眞隱只占了百分之二十九・七強，連三分之一都達不到，可見論者所認定唐人士風浮薄是其來有自的。但並非所有的假隱都不可原諒，在假隱逸中也有爲了生活不得不當個小官吏以渡日者，如馬載以家貧，爲祿代耕（參見《唐才子傳校正》卷七，頁 219）；嚴維以儒素從升斗之祿，聊代耕耳（參見《唐才子傳校正》卷三，頁 84）。也有因科考失利多年而退隱者，他們都仍有用事之心，可惜苦無機會，只好放逸山林，以琴酒自適，在動機上不是單純只求逍遙自適的人，更有因局勢混亂，不得不避入山林的隱者，可見假隱逸並非是功利、別有所圖的，這是最要強調的結論。

再者，眞隱人數雖不高，但也近三分之一，在隱逸風氣之中，儼然成爲一股時代中的清流，未可輕視，故不宜就大略的結果來忽視這些眞隱士的存在，畢竟，在唐人功利風氣熾盛的狀況下，能保有清逸的節操，是值得敬佩的。

其實在資科的整理過程中，便已發現其眞假隱的判斷不太容易，究竟要以什麼條件來判別才算公允呢？仕與隱二條路自古以來便是讀書人心中衝突的所在，而此衝突又以士人從政與否做爲其前題，故分辨眞假隱不可能捨棄政治因素不論。再者，隱居生活清苦寂寞，沒有良好的經濟條件，便不可能過眞正安逸的生活，故傳主對政治、經濟問題的解決成了個人最重要的判定

標準。巢父式的隱士應該完全沒有政治生活，符合毫無保留、無條件地不從政，必然的以隱士身份終其一生標準的，才算真隱居，但在比對資科後，可以發現在唐代隱士之中，始終不變的僅占很小的比例，這說明了隱士內在的決心、思想常會受到影響而淡化而動搖而消滅，所以唐代的隱士出山從政的可能很高，以是依節操而論，又分出了一類道合（條件適合）而後進或「有道則現、無道則隱」的隱士，他們無論進退都有其原則，故在一九五人中，屬真隱。但真隱是不是完全令人仰慕、佩服的？答案恐怕不盡然，因為真隱者對於任何人事物，在理智上不分善惡，在感情上亦無愛憎，所以能安心於小我的世界中，自我欣賞，自我陶醉，基本上已退出於物外，韓愈在《後二十九日復上宰相書》中談到：

> 山林者，士之所獨善自養，而不憂天下者之所能安也；如有憂天下之心，則不能矣。〔註5〕

便是明白點出隱居山林者必須不憂天下，沒有政治上的企圖心，才算是。

至於經濟問題，胡震亨有一段話，可以做很好的解釋：

> 王績之詩曰：「有客談名理，無人索地租。」隱如是，可隱也。淘潛之詩曰：「饑來驅我去」，「扣門拙言辭」如是隱，隱未易也。白樂天之詩曰：「冒寵已三遷，歸朝始二年，囊中貯余俸，園外買閑田。」如是罷官，官亦可罷也。韋應物之持曰：「政拙忻罷守，閒居初理生」「聊租二頃田，方課子弟耕」罷官如是，恐官正未易罷耳〔註6〕

可見隱居、罷官，首先要解決經濟問題，沒有挨餓的疑慮，人才會得到真正的平靜，沒有煩惱，如果是連飯也沒得吃，要隱居不出，要罷官不做，是需要有極大的毅力的。分辨唐人之隱逸，經濟問題是政治之後的大前題，不能破此關者比比皆是。最好的例子，便是那些「吏隱」的隱者。故而在辨別隱逸真假的標準上，除了考慮到儒道二家自先秦以來的歸隱原則與南北朝以來的士氣影響外，從政與經濟問題也正在衡量標準之中。這是在本節綜合出結果之後，所必須說明的重點。

〔註5〕 見《全唐文》卷五五一，頁 7086。

〔註6〕 見明胡震亨著《唐音癸籤》卷二五，頁 5。（影印文淵閣四庫全書集部第七七四冊，頁 1482 之 674～1482 之 675。臺灣商務印書館，民國 75 年 7 月初版）。

第二節　所謂「終南捷徑」

隱逸、求仙本是出世的表現，似乎與干祿無關，但在唐代卻成為士大夫一類具有奇效的「登龍術」。《新唐書・隱逸傳》分析了古代和唐代隱逸之士的具體情況，將古代隱者分為三等。上等的隱者「身藏而德不晦」，雖自放草野，但聲名甚大，連身為萬乘之尊的皇帝也去聘請他們。第二等隱者則懷抱經綸之志而無由施展，志行高潔而不肯同流合污，雖然有時也不拒絕出仕，但視爵祿若浮雲，「泛然受，悠然辭，使人君常有所慕企」。最下等的隱者，自認其才不能為時所用，故視隱居山林為賞心樂事，「逃丘園而不返，使人常高其風而不敢加訾焉」。〔註7〕唐代賢俊多在其位，所以那些隱者便「足崖壑而志城闕」，把隱居作為入仕的一種重要手段，以致「假隱自名，以詭祿仕，肩相摩於道，至號終南，嵩少為仕途捷徑，高尚之節喪焉」，此大多屬於下等隱者。〔註8〕這段分析是概括的闡明了《新唐書》所收隱逸之士的不同類型，而唐代文人的假隱風氣，則是以下所欲探討者。

在唐高宗、武后、玄宗時代，士人以隱逸求仙為干祿途徑的情況最盛。《新唐書》卷一二三，盧藏用傳載：

> 藏用能屬文，舉進士不得調，與兄徵明偕隱終南、少室二山，學練氣，為辟穀。……長安中，召授左抬遺。……始隱山中時，有意當世，人目為「隨駕隱士」。……司馬承禎嘗召至闕下。將還山，藏用指終南曰：「此中大有嘉處。」承禎徐曰：「以僕視之，仕宦之捷徑耳。」藏用慚。

所謂「終南捷徑」典故即出於此。其實，當時藉隱逸、求仙以沽名釣譽、漁獵富貴的豈只盧藏用一人？司馬承禎也是其中之一，所不同的只是他所追求的是名譽，而非富貴而已。〔註9〕據《舊唐書・隱逸傳》所收共二十人，其中王遠知、田遊巖、潘師正、劉道合、史德義、王友貞、衛大經、司馬承禎、王希夷、盧鴻一、白履忠、吳筠、孔述睿、陽城、崔覲等十五人與其同代最高統治者高祖、太宗、高宗、武后、中宗、睿宗、玄宗、代宗、德宗、文宗等都有過關係：眷顧、下詔或嘉獎、封賞。比較值得注意的是道士王遠知、潘師正、司馬承禎和吳筠等人，他們與玄宗以前的歷任統治者（中宗除外）關係密切：

〔註7〕以上資料參見《新唐書》卷一九六，頁5993，〈隱逸傳〉序。
〔註8〕同前。
〔註9〕司馬承禎傳見《舊唐書》卷一九二，頁5127，〈隱逸傳〉。

一、王遠知

高祖之龍潛也,遠知嘗密傳符命。武德中,太宗平王世充,與房玄齡微服以謁之。遠知迎謂曰:「此中有聖人,得非秦王乎?」太宗因以實告。遠知曰:「方作太平天子,願自惜也。」太宗登極,將加重位,固請歸山。至貞觀九年,較潤州於茅山置授太觀,並度道士二十七人。〔註10〕

二、潘師正

師事王遠知,盡以道門隱訣及符籙授之。師正清靜寡欲,居於嵩山之逍遙谷。……高宗幸東都,因召見與語。……高宗與天后甚尊重之,留連信宿而還。尋敕所司於師正所居造崇道觀;嶺山別起精思觀以處之。初置奉天宮,帝令所司於逍遙谷特開一門,號曰仙遊門。又於苑北面置尋眞門,皆爲師正立名焉。〔註11〕

三、司馬承禎

事潘師正,傳其符籙及辟穀導引服餌之術。……則天聞其名,召至都,降手敕以讚美之。及將還,敕麟台監李嶠,餞之於洛橋之東。景雲二年,睿宗令其兄承褘,就天台山追之至京,引入宮中,問以陰陽術數之事(及理國之道)。……對曰:「……天不言而信,無爲而成。無爲之旨,理國之道也。」……開元九年,玄宗又遣使迎入京,親受法籙。前後賞賜甚厚。十年,駕還西都,承禎又請還天台山,玄宗賦詩以遣之。十五年又召至都,玄宗令承禎於王屋山自選形勝,置壇室以居焉。……又令玉眞公主及光祿卿韋韜至其所居,脩金籙齋,復加以錫賚。〔註12〕

四、吳 筠

魯中之儒士也。少通經,善屬文。舉進士不第,……乃入嵩山,依潘師正爲道士,傳正一之法。……筠尤善著述。在剡,與越中文士爲詩酒之會。所著歌篇,傳於京師。玄宗聞其名,遣使徵之。既至,與語甚悅,令待召翰林。……問神仙脩鍊之事。對曰:「此野人之事,當以歲月功行求之,非人主

〔註10〕 王知遠傳見《舊唐書》卷一九二,頁5125,〈隱逸傳〉;《新唐書》卷二〇四,頁5803,〈方伎傳〉。

〔註11〕 潘師正傳見《舊唐書》卷一九二,頁5126,〈隱逸傳〉;《新唐書》卷一九六,頁5605,〈隱逸傳〉。

〔註12〕 司馬承禎傳見《舊唐書》一九二,頁5127,〈隱逸傳〉;《新唐書》卷一九六,頁5605,〈隱逸傳〉。

之所宜適意。」每與緇黃列坐，朝臣啓奏，筠之所陳，但名教世務而已。間之以諷詠以達其誠。玄宗深重之。天寶中，李林甫、楊國忠用事，紀綱日紊。筠知天下將亂，堅求還嵩山，累表不許，乃詔於嶽觀別立道院。祿山將亂，求還茅山，許之。既而中原大亂，江淮多盜，乃東遊會稽。嘗於天台、剡中往來，與詩人李白、孔巢父詩篇酬和，逍遙泉石，人多從之。……筠在翰林時。特承恩顧，綠是爲群僧之所妒。驃騎高力士素俸佛，嘗短筠於上前，筠不悅，乃求還山。（筠）詞理通宏文彩煥發，每制一篇，人皆傳寫。雖李白之放蕩，杜甫之壯麗。能兼之者，其爲筠乎。〔註13〕

　　由上引四人之傳記內容可知其爲師徒關係，且受唐代皇室的特殊禮遇。他們固然少沽名釣譽之心，但對政治都頗爲關心，甚至還想用老莊無爲之治理論來影響皇帝，以改變其爲政的基本哲學思想，或陳「名教世務」，並「間之以諷詠以達其誠」。企圖對時政能起一定作用。潘師正曾對司馬承禎說：「我自陶隱居（陶弘景）傳正一之法，至汝四葉矣！」（《舊唐書》卷一九二，〈隱逸傳〉）其實正一之法外，「山中宰相」的精神也是他們所一脈相承的。既是這樣的一個「隱逸世家」，自然都學會了一套以退爲進，以隱干政的「道門隱訣」，加上與皇帝有「通家之好」，那麼，假使當時的最高統治者想要「舉逸人而天下歸心」，以隱士來點綴天下太平，捨彼其誰？據《舊唐書》卷一九○〈文苑中〉的李白傳所載，李白在二十五歲出川，即在江陵結識司馬承禎，曾作「大鵬遇希有鳥賦」，他以大鵬自況，以希有鳥況承禎，後此賦改爲「大鵬賦」。〔註14〕序云：「余昔於江陵見天台司馬子微（承禎字），謂余有仙風道骨，可與神遊八極之表。因著《大鵬遇希有鳥賦》以自廣。」後李白又於天寶元年與孔巢父等隨吳筠隱於剡中，「既而玄宗詔筠赴京師，筠薦之於朝；遣使召之，與筠俱待詔翰林」。〔註15〕由史料中可見李白始終與王遠知這一派道士保持密切的關係，且終於得到助力而步入仕宦之途。李白的隱逸、求仙雖也不無出世因素，但其主要目的仍是爲世俗打算，政治目的是十分明顯的。而高宗、武后、玄宗都喜歡徵聘隱者道士入朝，其中又以玄宗爲最，依〈玄宗本紀〉所載，自在東宮時至天寶初年，約共徵隱者道士達七人（包括李白在內）九次之多！〔註16〕可見當時只要自身有

〔註13〕吳筠資料見《舊唐書》卷一九二，頁5129，〈隱逸傳〉。
〔註14〕〈大鵬賦〉并序見《李白集校正》卷一，頁1。
〔註15〕見《舊唐書》卷一九○，頁5053，〈文苑傳〉所收之〈李白傳〉。
〔註16〕見《舊唐書》本紀第八、九，頁165～207。

些本領，且走對了門徑，由「終南捷徑」直登廟堂之上的可能性並不小，可以說，「終南捷徑」的形成是主上和士人共同營造出的成果。

討論唐代士人的隱逸問題，必須注意到政治因素。隱逸本來是對現實、對當代政治不滿的消極表現，但在唐代卻成爲士大夫們「託薜蘿以射利，假巖壑以釣名」〔註17〕的手段，何以會如此？富權的皇帝並不是傻瓜，他們樂於被這些走「終南捷徑」的士大夫利用，自然有其政治目的。道理很簡單：既然隱逸是不滿現實、反抗時政的表現，如果能把隱者高士之中的幾位「名揚宇宙」的代表人物找來應應景，以示「天下歸心」、「聖代無隱者，英靈盡來歸」，豈不是可以輕而易舉的爲自己的統治坐收點綴昇平、攏絡人心的奇效？據《舊唐書》卷一九二，〈隱逸〉田遊巖云：

> 調露中，高宗幸嵩山，遣中書侍郎薛元超就問其母。遊巖山衣田冠出拜，帝令左右扶止之。謂曰：「先生養道山中，比得佳否？」遊巖曰：「臣泉石膏肓，煙霞痼疾。既逢聖代，幸得逍遙。」帝曰：「朕今得卿，何異漢獲四皓乎？」薛元超曰：「漢高祖欲廢嫡立庶，黃、綺方來。豈如陛下崇重隱淪，親問巖穴！」帝甚歡。因將遊巖就行宮，並家口給乘傳赴都，授崇文館學士。〔註18〕

隱士、近臣皆曲盡頌聖之能事，訪賢舉逸之用意，可見一斑。

又同傳載武后徵史德義詔云：

> 蘇州隱士史德義，志尚虛玄，業履貞確。謙沖彰於里閈，孝友表於閨庭。固辭徵辟，長往巖陵之瀨，多謝簪裾，高蹈愚公之谷。博聞強識，說禮敦詩。繕性丘園，甘心畎畝。朕承天革命，建極開階。寤寐星雲，物色林壑。順禎期而捐薜帶，應休運而解荷裳；粵自海隅，來遊魏闕。行藏之理斯得，去就之節無違。風操可嘉，啓沃攸佇，特宜優獎。委以諫曹，可朝散大夫。〔註19〕

此話將史氏描述得完美之極，同時，我們可以看到詔書內容越是將對方（隱士）寫的越高尚，越深諳「行藏之理」、「去就之節」，如果能順朝廷之意，豈非越能顯示當今的聖明與時代的昇平？這樣的政治意圖不是昭然若揭嗎？隱士應召而來，當然「可嘉啓沃」，「特宜優獎」、皆大歡喜。但若過分裝腔作勢，

〔註17〕見《舊唐書》卷一九二，頁5115，〈隱逸傳〉。
〔註18〕事見《舊唐書》卷一九二，頁5117，〈隱逸傳〉所收之田遊巖傳。
〔註19〕詔見《舊唐書》卷一九二，頁5117，〈隱逸傳〉所收之史德義傳。

像盧鴻一再辭玄宗禮聘那樣「不識抬舉」，則只須稍露「天威」，稍屬其辭，曉以「大義」：

> ……比下征書，佇諧善績。而每輒託辭，拒違不至，使朕虛心引領，於今數年。雖得素履幽人之貞，而失考父滋恭之命。豈朝廷之故與生殊趣耶？將縱欲山林不能反乎？禮有大倫，君臣之義，不可廢也。今城闕密邇，不足爲難。使敕齋束帛之眂，重宣斯旨。想有以翻然易節，副朕意焉。〔註20〕

這樣一來隱者鮮有不赴徵的。到了京城，皇上自然要召入宮中，特加禮遇，問以修身之道，治國之理，然後授以散官閑職（約是爲了盧應南山四皓出佐皇儲的故事，故所授官銜職務多爲東宮官屬：太子因此亦喜徵召隱逸，蔚成風氣），厚加賞賜。最高統治者算是達到了虛應武丁、文王搜賢訪隱的故事，也點綴了昇平。而山林隱逸也達到了射利釣名的目的，徵聘的任務，至此宣告完成，上下皆大歡喜。〔註21〕

這些隱逸之士當然不乏有心之人，希望能有所作爲，如德宗所徵之陽城，〔註22〕但大多數誠如《舊唐書》卷一九二，〈隱逸傳〉序文所說：

> 退無肥遁之貞，進乏濟時之具

因此，不僅徵聘者「醉翁之意不在酒」——根本不打算重用他們，委以實務要職，就連他們自己也並不要求有所建樹，而且實際上他們可能什麼事都做不好。《資治通鑑》載：

> （唐高宗）征田遊巖爲太子洗馬，在東宮無所規益。右衛副率蔣儼以書責之曰：「足下負巢、由之俊節，傲唐虞之聖主，聲出區宇，名流海內。主上屈萬乘之重，申三顧之榮，遇子以商山之客，待子以不臣之禮，將以輔導儲貳，漸染芝蘭耳。皇太子春秋鼎盛，聖道未周，僕以不才，猶參庭諍，足下受調護之寄，是可言之秋，唯唯而無一談，悠悠以卒年歲。向使不餐周粟，僕何敢言！祿及親矣，何以酬塞？想爲不達，謹書起予。」遊巖竟不能答。〔註23〕

這樣的人，若是尸位素餐，戀棧過久，被人識破機關，難免要被人奚落，貽

〔註20〕詔見《舊唐書》卷一九二，頁5119，〈隱逸傳〉所收之盧鴻一傳。

〔註21〕此說本陳貽焮先生〈唐代某些知識分子隱逸求仙的政治目的〉一文而來。

〔註22〕參見《舊唐書》卷一九二，頁5132，〈隱逸傳〉所收之陽城傳。

〔註23〕見《資治通鑑》卷二〇二，〈唐紀〉十八，開耀元年（西元681年）頁6403。臺北：洪氏出版社。

笑大方。至於這些識時務的，如司馬承禎、王希夷、盧鴻一等，知適可而止，急流湧退，趁「聖眷方隆」時「固辭榮寵」，不只可以保住虛名，抬高身價，而且也可能因爲「識相」而令皇帝感到滿意。等到必要的時候，他還有機會回到政治舞台或向皇帝討個皇封誥命，挾著欽賜「寶琴」，披著欽賜「霞紋批帔」，帶著「令自選形勝，置壇室以居」、「歲給白米百斛，絹五十疋，充其藥物，令府縣送隱居之所」、「置給全祿，以畢其身，令所在卅縣，存問四時」，「若知朝廷得失，具以狀聞」。〔註24〕以上種種欽命特權致仕還山，大有實惠可得，算是特大抽豐，只要能打到一次這種抽豐，那些「高士」們即可終生受用不盡了。

最高統治者把這幫「高士」找來，以示「天下歸心」、「野無遺賢」，爲自己的統治貼金，花點銀兩，似乎值得，但爲什度徵詔來到，卻以那些不願長期幫閒，堅持還山者待遇更優厚呢？據陳貽焮先生的看法，〔註25〕其中又有一番講究：《舊唐書》卷一九二〈隱逸傳〉中載中宗曾拜王友貞爲太子中舍人，令所司以禮徵赴，及至，固以疾辭。詔曰：

> 敦夷、齊之行，可以激貪；尚顏、閔之道，用能勸俗。……雖思廊
> 廟之賢，豈違山林之願？宜加優秩，仍遂雅懷。

又載玄宗三徵盧鴻一乃至，至亦辭官請歸，詔曰：

> 昔在帝堯，全許由之節；緬懷大禹，聽伯成之高。則知天子有所不
> 臣，諸侯有所不友，遜之時義大矣哉？！……固辭榮寵，將厚風俗，
> 不降其志，用保厥躬。會稽嚴陵，未可名屈；太原王霸，終以病歸。
> 宜以諫議大夫，放還山。

可見這樣對最高統治者的好處很多，他們心中也是十分明白的。因臣下若過貪，「爭名於朝，爭利於市」，不僅會爲皇帝帶來許多麻煩，產生實際上的利害衝突，而且對正常的封建倫常道德制度與社會秩序會有一定的破壞性，影響其長遠的統治。今見徵聘來的隱士用處無多，卻自命清高，「固辭榮寵」，如果能趁機來個順水推舟，加以稱許，光大其清廉聲譽，厚其豐賞，聽其衣錦還山，在家修道，既可遂其人之「雅懷」，收買人心，又能獲得「敦夷、齊之行，可以激賞；尚顏、閔之道，用能勸俗」的政治效果，更能藉此自我標榜，裝點「聖德」，媲美堯、禹，做皇帝的又何樂而不爲呢？

〔註24〕以上所引諸句均見《舊唐書》卷一九二，〈隱逸傳〉，頁 5117。
〔註25〕同註 21。

　　隱逸雖是消極避世的行為，可以讓失意者有條退路可走，但其中多少含有不滿和反抗時政的意味，如果聽任為之，在觀感及輿論上仍會為統治者帶來一些不利的結果。如果是應過徵聘，又拿著封賞歸隱還山的「高士」，由於已經表示過歸服之意，隱逸之士與朝廷不僅早已失去了對立性，而且把不利變為有利，隱逸之士於是成了統治者不可或無的幫閑人物，這就難怪唐代許多皇帝願意重視，並且多次禮聘隱士了，使唐代士人在山林之中，尋找科舉以外的另一條入仕之道。

第三節　隱逸風氣流行盛況

　　唐人隱逸風氣的流行狀況，由隱居者身分的階層可以得到答案。其中最多的是布衣文士，屬於寒門階層。科舉制度是寒士唯一有機會與高門一較長短，取得入仕的途徑，偏偏進士科錄取率實在太低，每年在千人之中不過得一、二十人，至多也不過三十人的窄門，失意者另覓出仕的機會是人之常情，同時，科考及第不易會造成不少社會問題，《全唐文》卷三五五收有趙匡〈選舉議〉云：

　　　　舉人大率二十人中方收一人，故沒齒而不登科者甚眾。〔註26〕

便在強調一個「眾」字，僅僅解決士人百分之五的就業問題，剩下的百分之九十五要怎麼辦呢？這還只是指在禮都應試的人而言，更擴大來看，在州縣初試就被淘汰的人真不知道有多少！再加上就算通過禮部的考試，要真正分發任官，還須經過吏部詮選，我們不難想見士人求仕競爭之激烈。此刻朝廷除了多闢入仕管道外，恐怕還要多多鼓勵退隱的清望，由是隱逸生活在綜合多種因素之後潮漸便被士人認作是一種重要的人格修養方式與有心用世者在出世前必經的生活磨鍊。士人們隱處山林，讓清靜幽深的環境來培養詩文靈感，讀書習業，準備科考功課以及怡養性情，等聲名漸漸大起來，便可獲得一個可以一償經國濟世心願的機會——基於種種好處，一般布衣之士在年少之時隱居山林寺院讀書便成了極普遍的社會現象。如：

　　　　唐武宗時的宰相李紳，以家貧居惠山讀書十年。〔註27〕

〔註26〕語見《全唐文》卷三五五，頁4555，趙匡〈選舉議〉。
〔註27〕李紳居惠山見《全唐詩》卷四八二，頁5485，李紳〈重到惠山〉詩下序文與唐，范攄著《雲溪友議》卷一。（見於《唐人筆記小說》續編第一冊，頁100，臺北：新興書局編。

崔　　從　少孤貧，寓居太原，與仲兄能同隱山林，苦心力學，如是者十
　　　　　年。〔註28〕

柳　　璨　少孤貧好學，僻居山泉。晝則采樵，夜則燃木葉以照書。〔註29〕
都是寒士在少年讀書山林的例子。

布衣寒士們出於實際需要在山林中讀書業文不難理解，在唐代，高門顯
宦的子弟也紛紛鳴高。如：

房　　琯　父房融為則天朝正諫大夫同鳳閣台平章事，琯與呂向偕隱陸渾
　　　　　山，十年不諧際人事。〔註30〕

陳子昂　家世富豪，子昂獨苦節讀書。（於梓州東南金華山觀讀書。）〔註
　　　　　31〕

王　　龜　少以詩酒琴書……於永達里園深僻處創書齋，吟嘯其間……於
　　　　　中條山谷中起草堂，與山人道士游……龍門門西谷構松齋，棲
　　　　　息往來，放懷事外……又於漢陽之龍山立隱舍，每浮舟而往，
　　　　　其閒逸如此。〔註32〕

房琯以顯赫家世，仍隱居十年，陳子昂為富豪子弟，也隱居讀書。而王
龜更是所到之處都要構立隱所，如此一心慕隱，可以顯示隱逸一事沒有身分
階級的分別，優游江湖間的隱士未必全是山野之人。

除了布衣高門都要潛於山林修業之外，在朝為官者，也多半崇尚隱逸生
活，在山林水野之間，構築隱所，求得心靈上的逍遙，如王維在安史之亂後，
開始奉佛；有別墅在藍田縣南輞川，日與文士丘丹、裴迪、崔興宗游覽賦詩，
琴樽自樂〔註33〕暢當多往來嵩、華間，結念方外，頗參禪道。〔註34〕都是例子，
等到年老致仕，選擇歸隱山林者也不少。如孟詵，在中宗神龍初致仕，歸伊陽
之山第，以藥餌為事。〔註35〕包佶，居官謹確，所在有聲，晚歲沾風痺之疾，
辭寵樂官，不及榮利。〔註36〕大曆十才子之一的夏侯審，出於華山下多買園為

〔註28〕見《新唐書》卷一一四，頁4196，〈崔從傳〉。
〔註29〕見《舊唐書》卷一七九，其4669，〈柳璨傳〉。
〔註30〕房琯傳見《新唐書》卷一三九，頁4625。
〔註31〕陳子昂傳見《舊唐書》卷一九○，頁50，〈文苑〉中。
〔註32〕王龜傳見《舊唐書》卷一六四，頁4281。
〔註33〕王維傳見《唐才子傳校正》卷二，頁41。
〔註34〕暢當傳見《唐才子傳校正》卷四，頁113。
〔註35〕孟詵傳見《舊唐書》卷一九一，〈方伎〉，頁5101。
〔註36〕包佶傳見《唐才子傳校正》卷三，頁67。

別墅，水木幽閟，雲煙浩渺，晚歲退居其下，諷吟頗多〔註37〕甚至，連在朝的宰相致仕後也會歸隱別墅，逍遙山野，嘯詠多年，如穆宗朝的宰相蕭俛〔註38〕便是一例，綜合本段所述，我們知道己在朝爲官者，無論致不致仕，也喜好以隱爲尙，這些人或已飽賞宦海滋味，於是甘心恬退，或有心隱逸，可惜經濟情況不佳，不得已以祿代耕，或本身有好隱傾向，但有未實際行動，其心情和那些藉隱居生活爲出仕準備的人，是大異其趣的。另外，隱逸這件事也可以當成是一種保身的應變措施，一旦仕途蹭蹬，便退入山林之中，以逃避對手的構陷，等到時移勢遷，再行出山，如李泌就是幾次運用這個辦法，所以能在累爲「權悻忌妒」的情形下，「恆由智免」〔註39〕安史之亂以後，國勢衰落，紛亂不絕，士人於是有很多寄意山林以避禍者，如元結、令狐峘、張子容、蕭穎士等〔註40〕這種型態的隱逸含有「待時」的成份，等到歸隱的原因理由消失，他們又會出仕，故唐人之隱往往淪爲手段角色，是暫時棲身的方法之一，於是這類因時而隱，因時而仕和無一定的隱逸，使得隱者身份益形曖昧與複雜。

此外，隱者之中也不乏宗室與皇親貴戚，《新唐書》卷七〈宗室〉傳中記載的李戡：

> 年三十，明六經，舉進士，就禮部試，吏唱名乃入，戡恥之。明日，
>
> 徑返江東，隱陽羨裏。

這固然是沒落王孫的遭遇，仍表達了隱者身分的多樣化。再如武攸緒，是則天兄之子，生性恬淡寡欲，在武則天最顯赫的時候，他選擇退隱，以致後來殺諸韋，武氏連禍，他得以自免。〔註41〕而劉得仁乃公主之子，兄弟皆爲顯宦，他卻立志要以科舉出仕，結果在舉場二十年，終不免走上隱逸之路。〔註42〕可見此風影響之廣。

甚至外國人久居華土後受到同化，也有隱居行爲的，如新羅人金可記：

> 性沈靜好道，不尙華侈。或服氣鍊形，自以爲樂。博學強記，屬文
>
> 清麗，美姿容，舉動言談，迥有中華之風。俄擢第，於終南山子午

〔註37〕夏侯審傳見《唐才子傳校正》卷四，頁105。
〔註38〕蕭俛傳見《舊唐書》卷一七三，頁4476。
〔註39〕李泌傳見《舊唐書》一三〇，頁3620。
〔註40〕參見本文第四章，第五節所錄之本傳內容與出處。
〔註41〕武攸緒見《舊唐書》卷一八三，頁 4740·〈外戚〉；《新唐書》卷一九六，頁5602·〈隱逸傳〉。
〔註42〕劉得仁傳見《唐才子傳校正》卷六，頁194。

　　谷茸居，懷隱逸之趣。〔註43〕

又見於唐詩中者，有賈島《送褚山人歸日本》詩〔註44〕、僧無可（《全唐詩》
卷八一三下小傳：賈島從弟，居天山，詩名亦與島齊）之《送朴山人歸日本》
詩〔註45〕、馬戴有〈送朴山人歸新羅〉（新羅一作東海）之詩〔註46〕可知外國
人隱居事例也不少。

　　要特別一提的是女性隱者，李季蘭，他是個女道士，專心翰墨，尤工格
律，時時往來剡中，與山人陸羽、上人皎然意甚相得，天寶間，玄宗聞其詩
才，詔赴闕。〔註47〕可見唐代隱者身份形形色色。他們的目的，可能很複雜
──有追求於當世；也可能甚簡單，無意仕進無論如何，上至宗室貴戚，在
位或致仕大小官吏，下至高門子弟與布衣寒士。甚至外國人與女性都有隱逸
事跡可考，可見唐代社會的隱逸是蔚為風尚，成為當世一種流行的生活方式，
有如我們今日之打坐參禪一般，不一定要有特殊的身份才會去隱逸，只是唐
人的隱逸於傳統之外特別涵藏了虛偽、功利等成分。使得隱逸一事成了唐代
特殊的人文社會風氣。

第四節　唐人的真隱

　　隱士並不是唐代的特產，他們的出現與條件的形成有其歷史上的傳承，
只是隨著時代的演進，隱逸行為背負了不少附加動機與目的，不再是單純的、
消極的反對時政而已。基於利益上的考量，隱逸行為在唐代確實呈現了多樣
化，真正無心仕進與進退有據的隱者，只占了所有隱士的百分之二九‧七，
連三分之一都不到。

　　在傳統觀念裡，能夠符合真隱條件的，當然是那些「仕非為貧」、「高尚
不仕」的隱者，因為這些人言行超逸，縱使不遇於時，也會高潔自守，甚至
徹頭徹尾的清介自守，不屑天下之事，只求獨潔其身。然而，這樣的行為是
不是真的受敬重？在唐代，恐怕未必如此。唐代士人隱逸風尚的形成有其歷
史背景。就政策一項來看，由於要突顯太平盛世，天子聖明，希望能夠「舉

〔註43〕金可記資料見於《太平廣記》卷五三，頁329。
〔註44〕詩見《全唐詩》卷五七三，冊17，賈島卷三，頁6667。
〔註45〕詩見《全唐詩》卷八一三，冊17，無可卷一，頁9150。
〔註46〕詩見《全唐詩》卷五五六，冊17，馬戴卷二，頁6447。
〔註47〕李季蘭傳見《唐才子傳校正》卷二，頁45。

逸民而天下歸焉」，於是唐室自建立之初，便對草澤遺民特加重視，攤開兩唐書的隱逸傳，以隱逸行爲被肯定而收錄的這些隱士大都有被主上屢徵赴都的機會與經驗，《舊唐書·隱逸傳》序文亦云：

> 高宗、天后訪道山林，飛書巖穴，屢造幽人之宅，堅回隱士之車。

〔註48〕

可見唐代君主對搜訪隱淪一事十分重視，且恭親就之。有心藉此步上仕途之人當然不會放過這樣可獲得不少利益的機會。而相對於假隱者的眞隱逸，夾在唐代士人「假隱爲名，求仕爲實」的潮流下，便顯得分外的清新可喜了。面對帝王的徵召，眞隱者往往是「以疾辭」或「辭不就」，就算被強行徵赴京都，也馬上又辭職回舊隱，只是這一來一往的過程中，隱士的清望更昇高了，又可以領受不少賞賜回家——如「歲給米百石、絹五十匹，充其藥物，仍令府縣送隱居之所」，或「又賜隱居之服，并其草堂一所」，或「敕於隱所置某觀」，「敕某山置某寺以旌其德」（參見本文第二章第二節）如此一來，即使眞隱者有心終生放逸山林，雖薦官也不應，在有心人眼中看來，際遇令人羨慕。若以儒家之隱來看，隱居是爲了「待時」這些人在去就之間既是有依據、有理由的，爲官且有政績，俸入之餘，散於家族（如薛戎等人），同樣令人敬佩，只是這樣的行爲與際遇，對於那些「身在江湖之上，心遊魏闕之下，託薜蘿以射利，假巖壑以釣名」〔註49〕的有心人而言，不能說沒有一點示範的，推波助瀾的力量，因爲這些人早有意於當世，只是苦無機會，在上位者既然有「以隱鳴高」、「屢造幽人之宅」的作爲，特別禮遇那些閑雲野鶴之輩，就難免造成有心的追隨與傚效了。

　　再看另一型態的眞隱——先仕而後隱一類，這類士人大都宦途平坦，即或不遇於時，反應也不至於激烈難平，在隱逸動機中，可算是不再出仕的眞隱者。他們或在生命高點歸隱山林，如《新唐書》卷一九六的孟詵、《舊唐書》卷一七二的蕭俛，都有高官厚祿，卻肯退隱，便是最佳例子。出仕對他們而言，已不是人生中最重要的計劃了。這一類的隱士似乎生命內容不那麼乏善可陳，而是豐富的，由炫爛歸於平淡，內心的轉折恐怕需要更多的調適，或許，這批人才是唐代士人心中眞正的典範，因爲他們既能在傳統讀書人對社會的一分使命感中得到滿足，又能逍遙自適於山林之間，生命的內涵是滿

〔註48〕語見《舊唐書》卷一九二，頁2425，〈隱逸傳〉序。
〔註49〕以上引句俱見上引書，同卷。

分的。

　　只是在唐代隱風之中，少見「以天下爲己任」的大胸襟，多是「獨善其身」的隱逸──只爲自己，不爲別人，在氣度上不免狹隘了些。當然眞隱者的行徑令人敬佩，他們不務求競進，頗能爲當世典範，以息貪競之風，難怪當政者要把他們找出來加以褒揚一番。然由另一角度看來，讀書人要以正常科舉之路出仕，本屬不易，如今有一批又一批的隱士以隱入召禁中，即使不應薦舉，不當官，也有豐賞賜放還舊隱，怎不令人有心於當世者起而效尤，假林壑之栖以求出仕之實？這是我們景仰唐代眞隱士的高風亮節之餘，不可不注意的一點。

第五節　唐人的假隱

　　「假隱」在唐人隱逸中占有約百分之七十的比例，成爲唐人隱逸型態的主流，其動機是否完全只爲求利祿？有待探討與澄清。就政治訴求而言，「假隱者」所指的是那些「足崖壑而志城闕」者，假藉隱逸以提高個人清望從而增加入仕的籌碼，基本上行爲是不被肯定的，然假隱是否完全是不好的風氣？答案恐怕是否定的。

　　先由讀書山林一類的隱居談起，前文第四章第一節已提到，此類隱居屬暫時性，在學有所成之後，隱者會選擇參加科舉考試，求取功名，故並非眞心放逸林泉。然而，讀書於山林之中並非是此類隱者的專利，正確的說，隱居者既鎖定在知識份子階層，讀書業文便是日常生活的內容，它應該是更全面性的一種隱居方式，因此，我們看到了唐代士人讀書山林之中所附帶的教育意義，隱居讀書者中既有貧窮的書生士子，也有顯貴的子弟後裔，拋開窮士有赴山林寺院讀書的必要不談，顯貴子弟其實可以進入政府官學讀書，然而他們放棄了入官學的機會而選擇山林隱居，不難想像其中還有一層「較受敬重」的因素存在，以劉得仁爲例，他是公主之子身份，兄弟皆爲顯官，他卻可以出入舉場達二十年之久，〔註50〕可見進士科確如《唐摭言》所云：

> 縉紳雖位極人臣，不由進士者，終不爲美。〔註51〕

房琯本可以父蔭致官，仍要隱居陸渾伊陽山中苦讀十餘年，〔註52〕又是一個

〔註50〕劉得仁傳見《唐才子傳校正》卷六，頁94。
〔註51〕語見《唐摭言》卷一，〈散序進士〉條，頁20。

例證。

此外，唐代隱居讀書的士人不僅自己閉門讀書，許多人還要在隱居之所指導學生功課，例如僧靈一「居若耶溪雲門寺，從學者四方而至矣。」〔註53〕竇常於大曆十四年及進士第，居廣陵二十年，不求苟進，以講學著書爲事。〔註54〕《唐摭言》卷十〈海敘不遇〉載學子弟讀書山林的盛況：

> 段維，……年及強仕，殊不知書；一旦自悟其非，聞中條山書生淵藪，因往請益。眾以年長猶未發蒙，不與授經。或曰，以律詩百餘篇俾其諷誦。翌日，維悉能強記，諸生異之。復受八韻一軸，維誦之如初，因授之孝經。自是未半載，維博覽群籍，下筆成文，於是請下山。……咸通、乾符中，聲名籍甚。

半年之內要博覽群書，下筆成文，大概是不可能的，但此條卻顯示的山中有不少如段維般的莘莘學子正在受業用功的情形，以致唐代有不少隱居名山，同時也儼然成爲學術的重鎮，如上前所引之「中條山」即是。故，隱居山林讀書固然有士人政治上的目的，但就其在教育方面的影響，則不能說是壞的，這反而是假隱在文化之上的貢獻了。

再看累舉不第的失意隱者，唐代士人每年奔波於長安道上，有幸金榜題名者，每年不過百分之一、二，此於第一章第三節已有敘述，登第不易可見一般，即使是登第者，也大多久困科場，歷盡艱辛，始得一第，如顧況之子顧非熊便出入舉場達三十年之久，這就難怪《唐摭言》要說：「三十老明經，五十少進士了。」既然久舉不第，士人內心的不平衡是可以想見的，只好拖著年邁的身軀，遨於山林之中，雖有終身不復出者，然以內心仕隱衝擊程度很強，仍屬假隱士。於是我們可由此類隱逸看到了久舉不第者的退路——藉隱以平衡落榜的衝擊，尋求心靈安歇之所，或暫且隱逸山林，以謀另外的出路，在時代的環境下來衡量，並不是那麼的不可原諒，相反的；還可以解決一些可能造成的社會問題。

而沽名釣譽，別有所圖的隱逸則是投機份子想走捷徑的結果。唐代諸帝獎重隱逸賢人，原是存著激貪勸俗的美意，然而這項美意卻爲那些利祿之徒另闢蹊徑，假扮隱者的姿態來獵取名利，圖謀仕進，《新唐書》卷一九六，〈隱

〔註52〕房琯傳見《舊唐書》卷一一一，頁3320。
〔註53〕靈一傳見《唐才子傳校正》卷六，頁94。
〔註54〕竇常傳見《新唐書》卷一七五，頁5244。

逸傳序〉云：

> 放利之徒，假隱自名，以詭祿仕，肩相摩於道，至號終南、嵩少爲
> 仕途捷徑，高尚之節喪焉。

可見這類假隱者在歷史評價上沒什麼節操可言。而事實上，隱居求名本是一條可進可退的路，唐代士人藉此達到入仕目的者，確實不少。相對的，以隱自保的，也不是沒有，於戰亂之際的隱逸，便屬此類。戰爭是所有隱逸原因之中，最不可抗拒的力量，這類的歸隱多半並非出自於本心，而是迫於現實形勢，不得已而爲之，我們由唐代士人傳記資料中看到了許多人在隱逸原因失之後，又紛紛投身科考或自薦、或應辟召求仕，便可證明。在戰亂中求爲明哲保身，逃遁於山林之內是士人常採用的避亂方式，唐安史之亂是避禍隱居的一次高潮，當時叛軍轉戰地區約在北方的黃河流域，故南方長江流域一帶尚稱安晏，使得士人不是逃入深山，便是遷居南方。等到僖宗乾符年間的黃巢之亂時，是另一次隱居的高潮，這次爲禍更甚於安史之亂時，故避禍的士人幾乎都選擇了深山爲隱所，等到隱逸原因消失，再投身仕宦之途。較特別的是這一類士人，時間若在唐末五代之際，可以特別感覺到他們的貪競，即使已改朝換代，只要能出仕，也沒有關係，如杜荀鶴應梁王朱全忠之徵，爲翰林學士〔註55〕、殷文圭仕南唐，其子且更姓歸朝，〔註56〕更益發顯得唐代士人很現實，「不仕二主」的觀念在唐人心中恐怕還是不存在的。

接下來要探討「仕隱」一類的假隱，以唐代士人仕隱衝突的強烈程度看，「仕隱」無疑是一種折衷的方式，既可保有俸祿，又可全其隱逸的希企，何以會有此種似隱又未隱的隱逸方式產生？經濟上的困難恐怕占了大部分。這一類選擇仕隱的士人中，十四人有一半是因爲家貧而就仕（殷遙、馬戴、嚴維、盧仝、蕭祐、司空曙、王季友等七人，參見第四章第四節），縱然性格上是志趣高疏，多雲岫之想一類的文人雅士，苦於貧困，可惜只能爲祿代耕而已。這一類的隱逸雖是假隱，並非不可原諒。相反的，若要死守官位不放，偏偏擺出一付厭薄世務的行逕來欺蒙世人，這種隱者便沒有被原諒的必要，像孟郊的徘徊賦詩終日，而曹務多廢，縣令以此向上司告白，孟郊竟用個假尉來代替他，並分其半俸，〔註57〕如此看來縱使孟郊是多才的詩人，他的行

〔註55〕杜荀鶴傳見《唐才子傳校正》卷九，頁298。
〔註56〕殷文圭傳見《唐詩紀事》卷六八，頁1016～1017。
〔註57〕孟郊傳見《新唐書》一七六，頁5265。

爲仍不值得認同，因爲他連「盡忠職守」的基本敬業精神都沒有。在假隱中，不乏不務進取之人，像王希夷、白履忠、王友貞等（參見本文第三章第一節），他們有人屢被徵召而辭不就，即使赴京就召，年紀也一大把了，沒什麼機會享受豐厚賞賜。也有登第後以不務進取的形貌爲人所知，卻在機會來臨時選擇出仕，如竇常、張衆甫、項斯等人（參見本文第三章第二節），他們在行爲上是矛盾的，因在出仕之前都有二、三年的隱居經歷，在隱居之前，更是登第的進士，早已有入仕的機會，這是特別的一組隱者，令人莫知所以。

　　總之，由上述可以得知，唐代士人的假隱逸並非全部只圖名利而已，詳究其原因、動機，我們可以看到隱逸行爲在唐代實在已成士人的生活方式，士人投跡隱逸，並非完全的自覺，有時只是潮流的跟從者，他們最大的生活目的仍在求出仕上——如早年讀書山林的一類。也有爲圖保全身家性命，而暫時隱居於山林之內，他們的隱逸原因教人同情。而仕隱之輩，以家貧而栖於官任之上，人格並沒有以隱求仕者那般卑下，可見說唐人尚功利雖是事實，假隱逸卻不都是只求入仕的手段而已，在隱逸行爲的背後，也許還存在著時代潮流以外的不得已之情。

總　結

　　隱逸是唐代的社會風氣，而風氣的形成則是集合了政策、制度、宗教與士人內心希企有用於當世等因素相互影響而成就，在潮流之下，士人會自覺或不自覺的把自己隱居在山水林泉之中。本文所欲探討的，便是這股隱逸風潮的內涵實質，是否為完全的功利，如若不然，隱逸行為究竟在唐代被賦與了什麼樣的面貌？

　　蒐尋全部可信的隱逸資料並不容易，於是乃以《兩唐書》與《唐才子傳》，《唐詩紀事》等四部最主要的資料人物做採樣的對象，以隱逸事實為依歸，於五八四人中共得一九五位能具體看出隱逸事實者為樣本，再依此進行分析，辨別唐代士人隱逸的真假。共得十一類，符合真隱條件者共同的特色是長時間的栖逸山林，出處有據，對仕宦沒有企圖心，能耐得住孤寂貧苦，相對於真隱的假隱居便是不能忘情仕宦，不能忍飢耐苦，受不了山阿寂寥，只把隱居當成是入仕跳板，是暫時的手段與生活，等待機會來臨時，自己便可一飛而就高官厚祿。十一類的隱者中，真隱占五十八人，其中栖逸山林，無心仕進者、進退有據者、以隱入召且就官者、登第後又不務進取者、仕而後隱者皆有真隱賢；而早年讀書山林者、累舉不第者、以祿代耕者、因避亂而隱者則為假隱居。

　　大致說來，在傳記的採樣中，隱者約占三分之一左右，比例不可謂低，而真假隱之比，也大約是百分之三十對百分之七十，顯然假隱者占了唐代隱士的大多數，且由隱者分部各階層來看，上至宗室貴戚，豪門巨族，下至貧困寒士、女子、外國人都可找到隱居例子，可見唐代社會隱逸風氣，絕非偶然。

　　究竟真隱、假隱在唐代各有何實質？唐代有真隱者，他們隱跡山林，不樂仕進；他們待時而出仕，絕不盲目抓機會；他們不把出仕看成是人生最重要的目的與戰場；他們的行徑是值得佩服的，可謂是當代在一片功利風氣下的清流。然而，真隱在唐代畢竟只停留在「明哲自保」的階段，沒有「道濟天下之溺」的認識與胸襟，故而缺少了荀子所認為的「美俗功能」，之於世道人心，沒有大助益，反而因主上的徵召厚賜，造成有心人的追隨傚效，是始料未及的結果。

　　至於假隱者也並全非不可原諒，在山林寺院間讀書業文的隱者，對於唐代教育風氣與文化不能說沒有貢獻，他們造成了日後書院的流行，影響反而是正面的。而避亂隱居一類，本身存在環境的強大壓力，士人為求自保而避入山中，為的是等待時局的平靜與出仕的機會，在條件上是不可抗拒的，自然可以諒解，然在改朝換代之際，士人只求入仕，不問服務對象的作風，則又會令人不敢苟同，確實呈現了唐人對功名利祿渴求的強烈。再看「仕隱」一類，因家貧而以祿代耕者，有其經濟困難的考量，可以同情，但藉隱鳴高，卻又戀棧仕位，不肯離去，則又屬末流者，與沽名釣譽，以隱求仕者的居心一樣卑下，缺了對工作、職位的基本敬重，自然也不值得後人的認同。

　　因此可以看出，在種種條件衡量下，唐代的真隱、假隱並非可以完全依字面定其優劣，唐代的真隱者對於任何人事物，在理智上不分善惡，在感情上亦無愛憎，所以能安心於小我的世界中，自我欣賞，自我陶醉。此固然令人景仰；唐人的假隱也未必全然繫於功利，功利的假隱當然可鄙，但不得已而為之的假隱則令人同情。

　　中國歷史上之所以有隱士出現，讀書人未能在唯一的出路上盡其才能，究竟要由誰負責其咎？是執政的當局？還是士人本身？問題究竟出在什麼地方？實有待進一步的探討。而隱逸風氣對唐代社會、文學的影響亦是需要補充討論之要點，如果有機會，筆者願意繼續把問題擴大，並且尋求答案。

　　要為因素複雜的隱逸作分類，原本是件不容易的事，要依隱逸事實來分，著眼點不同，會產生不同類型與結果，如吳筠是以舉進士不第而隱，再以隱而入為待詔翰林，加上他是道士的身份，要將他放在何類型才適合？成了生「交集」的問題，這正是此論文的最大問題。在撰寫過程上，除採用的統計方式外也酌量加入個人的看法，再試加綜合分析，求得其結果，以期能確實呈現出唐人放逸山林的多種面貌。

　　綜觀唐人隱逸行為，雖與社會尚功利、士風趨浮薄相關，卻不是絕對現實的，在經過資料蒐集、過濾、分類、比對之後，更可肯定風氣的形成必與士人的觀念、思想、社會的潮流、政府的獎勵、時局的動亂、宗教的信仰相互關聯，相互影響，其關係是互動的。故不可以偏概全的說唐人的隱逸是完全的「託薜蘿以射利，假巖壑以釣名。」，寧可保守一點說，隱居是唐人的生活經驗，而不是永久的生活方式，所以隱逸類型在唐代便具有了複雜的面貌，隱者並不是完全託隱以求仕的。

附　錄

唐代士人隱逸事跡表（共計十一表）

說明如下：

一、本附錄依前述二、三、四章隱逸類型人物分組收錄，為方便排比之用，計得一九五人。

二、其人或於新、舊唐書有事跡可考，或出現於唐才子傳、唐詩紀事中，或筆記小說有收錄，僧、道之屬亦羅收其中。

三、附錄人物取材以新、舊唐書隱逸傳、文苑傳、文藝傳、唐才子傳、唐詩紀事等資料為主、史傳闕如者，則以詩文所敘為據，筆記小說記事若有可信者，亦行採入。

四、所錄事跡，以具體可述者為限，盡量能在簡短的摘要其中呈現其人之出身、功名、隱逸動機、目的與處所，以呈現同組人物之共同特徵與歸類之憑據。

五、為節省篇幅，傳記內容與出處務求簡要，選擇重要者列入，而不作詳細之敘述。

附錄一：栖隱山林，無心仕進之隱

姓　名	隱居地	內　容　摘　要	備　註
孫思邈	太白山	① 北周宣帝時以王室多故，隱居太白山。 ② 隋文帝徵之，稱疾不起。 ③ 唐太宗將授爵位，辭不受。 ④ 高宗召見，拜諫議大夫，辭不受。	①《新唐書》卷一九六，〈隱逸〉 ②《舊唐書》一九一，〈方伎傳〉
王遠知	茅　山	① 父祖皆刺史，母亦官宦之後。 ② 少聰敏，博綜群書，入茅山，師事陶弘景，宗道先生臧兢。 ③ 預言太子爲天子，欲加重位，遠知固請還山。 ④ 貞觀九年，敕於茅山置「太受觀」，并度道士二十七人。	①《舊唐書》卷一九二，〈隱逸〉 ②《新唐詩》卷二○四，〈方伎〉
崔　曙	少室山	① 少孤貧，不應薦辟。志況疏爽，擇交於方外。刻苦讀書，高栖少室山中，與薛據友善。 ② 工詩、官詞款要，情興悲涼。	①《唐才子傳校正》卷二 ②《唐詩紀事》卷二十
劉方平	穎　陽 大　谷	隱居穎陽大谷，尚高不仕。汧國公李勉欲薦於朝，不忍屈，辭還舊隱。工詩。	①《唐才子傳校正》卷三 ②《唐詩紀事》卷二八
道　人 靈　一	① 麻源第三谷 ② 岑　山	① 童子出家，缾缽之外，餘無有。 ② 天性超穎，追蹤謝客。 ③ 隱麻源第三谷中，結茅讀書。 ④ 後白業精進，居若耶溪雲門寺，從學者四方而至矣。 ⑤ 後順寂於岑山。	①《唐才子傳校正》卷三 ②《唐詩紀事》卷七二 ③《全唐文》卷三九○
潘師正	嵩　山 逍遙谷	① 隋大業中度爲道士。少母喪，結廬墓側，以至孝聞。 ② 師事王遠知，盡以道門隱缺及符籙授之。 ③ 居嵩山逍遙谷，積二十餘年。 ④ 高宗幸東都，因召兄，尋敕造崇唐觀於師正居。 ⑤ 永淳元年卒，年九十八，高宗天后追思不已，贈太中大夫。	《舊唐書》卷一九二，《隱逸傳》
神　秀	當陽山	① 少遍覽經史，隋末出家爲僧，師事弘忍。 ② 師事弘忍。 ③ 弘忍卒，往居荊州當陽山。 ④ 則天聞之，追赴都，肩輿上殿，親加跪禮，敕當陽山置度門寺，以旌其德。 ⑤ 中宗即位，尤加敬異。	《舊唐書》卷一九一，〈方伎〉
李元愷	南　和	① 博學。 ② 性恭順，口未嘗言人之過。 ③ 宋璟嘗師之，既當國，厚遺束帛，將薦舉之，拒而不答。 ④ 元行冲邀至之，問以經義，贈衣服，辭曰：義不受無妄之財。	①《舊唐書》卷一九二，〈隱逸〉 ②《新唐書》卷一九六，〈隱逸〉
衛大經	蒲　州	① 篤學善易，卓然高行。 ② 則天詔徵之，辭疾不赴。 ③ 開元初，刺史畢構使縣令孔愼言就謁，辭不見。 ④ 預筮死日，自爲墓誌，如言終。	①《舊唐書》卷一九二，〈隱逸〉 ②《新唐書》卷一九六，〈隱逸〉

張　果	① 中條山 ② 恆　山	① 則天時，隱於中條山，屢召不赴。 ② 後受玄宗召，肩輿入宮。 ③ 預知玄宗欲尚公主，固辭，不奉詔。 ④ 請歸恆山，玄宗爲之造棲霞觀。	①《舊唐書》卷一九一，〈方伎〉 ②《新唐書》卷二○四，〈方伎〉
廬鴻一 （廬鴻）	嵩　山	① 字浩然，隱居嵩山。……開元初，玄宗備禮徵，再三不至。 ② 拜諫議大夫，固辭，復下詔書許還山，將行，賜隱居服，官營草堂。	①《舊唐書》卷一九二，〈隱逸〉作廬鴻一 ②《新唐書》一九六，〈隱逸〉作廬鴻
朱桃椎	蜀之山中	① 澹泊無爲，隱居不仕，人莫能測其爲。 ② 竇軌爲益州，聞而召之，遺以衣服，逼爲鄉正，桃椎不言而退，逃入山中。 ③ 凡所贈遺，一無所受，纖芒履置之於路。 ④ 爲糶取米，置良本處，桃椎至夕取之，終不見人。 ⑤ 蜀人以爲美談。	①《新唐書》卷一九六，〈隱逸〉 ②《大唐新語》 ③《太平廣記》卷二百二
司　馬 承　禎	① 天台山 ② 王屋山	① 嘗遍遊名山，止於天台山，號「白雲子」。 ② 則天曾召，讚美之。景雲二年（西元七一一年）睿宗引入宮中。承禎固辭還山，賜琴帔。 ③ 開元九年，玄宗迎入京，親受法籙。十年，請還天台山。 ④ 開元十五年，又召至都，並令承禎於王屋山自選形勝置壇室以居爲「陽台觀」。是年，卒於王屋山。	①《舊唐書》卷一九二，〈隱逸〉 ②《太平廣記》卷二十一
皎　然 上　人	杼　山	① 謝靈運十世孫也。 ② 初入道，肄業杼山，與靈徹、陸羽同居妙喜寺。 ③ 一時名公，俱相友善。 ④ 公性放逸，不縛於常律。	①《唐才子傳校正》卷四 ②《唐詩紀事》卷七十三〈唐湖州杼皎然傳〉
徐　凝	睦　州	① 潛心詩酒，老病且貧，意泊無惱，優悠自終。 ② 受交眷激勉，雖遊長安，不忍自衒鬻，竟不成名。 ③ 知者憐之，遂歸舊隱，潛心詩酒，人間榮耀。徐山人不復貯齒頰中也。	①《唐才子傳校正》卷六 ②《唐詩紀事》卷五二 ③《太平廣記》卷一九九
虛　中	① 玉笥山 ② 華　山	① 少脫俗從佛，讀書工吟不綴。 ② 居玉笥山二十寒暑。 ③ 後來遊瀟、湘，與齊己、顧栖蟾等爲詩友，甚受敬重。 ④ 時司空圖懸車告老，處中欲造見論文未果，因歸華山。	①《唐才子傳校正》卷八 ②《唐詩紀事》卷七十五。
齊　己	① 大潙山 ② 遊江海 　名山	① 長沙人，七歲穎悟，爲大潙山司牧。 ② 耆宿異之，遂共推挽入戒，風度日改，聲價益隆。 ③ 來長安數載，遍覽終南、條、華之勝，歸。 ④ 性放逸，不滯土木形骸，頗任琴樽之好。	①《唐才子傳校正》卷九 ②《唐詩紀事》卷七十五〈梁江凌府龍興寺齊己傳〉
周　朴	① 閩中蒲 　田 ② 嵩　山	① 字見素，嵩山隱君也。取重當時。 ② 朴本無奪名競利之心，特以道尊德貴，美價益超耳。 ③ 乾符中，爲黃巢所得，以不屈，竟及於禍。	①《唐才子傳校正》卷九 ②《唐詩紀事》卷七十一 ③《全唐詩》話卷六

附錄二：可以仕則仕，可以止則止

姓　名	隱居地	內　容　分　析	備　註
張　登		① 初隱居，性剛潔，幅巾短褐，交友名公。 ② 後就辟，歷衛府參謀，遷延尉平。 ③ 久之，拜監察後使，貞元中，改河南士曹傳掾，遷殿中侍御史，潭州刺史，退居告老。	《唐才子傳校正》卷五
薛　戎	毗凌之陽羨山	① 少有學術，不求聞達，居毗凌之陽羨山。四十餘歲，不易其操。 ② 李衡遣使者三返，始應辟從事，齊映代衡，又留職，府罷歸山，後柳晃又爲從事，以節操不曲人罪，遂與晃有隙，辭職寓居於江湖間。 ③ 間濟美又奏充副使，所歷官皆以政績聞，居數歲，以疾辭官，長慶元年十月卒。	《舊唐書》卷一五五
王　龜	①中條山 ②漢陽之龍山	字大年，性高簡，博知書傳，無貴冑氣。常以光福第賓客多，更往永達里半隱亭以自適，侍父至河中，廬中條山，朔望一歸省，州人號郎君谷，武宗雅知之，一左拾遺召。入謝，自陳病不任職，詔許，終父喪，召爲右補闕。稱疾去。崔璵觀察宣歙，表爲副，龜樂宛凌山水，故從之。	《新唐書》卷一六七
石　洪		石洪者，字濬川，有至行，舉明經，爲黃州錄事參軍，十餘年隱居不出。公卿數薦，皆不答。重胤鎮河陽，求賢者以自重。乃具書幣邀辟，洪亦謂重胤知己，故欣然戒行。	《新唐書》卷一七一
馬　炫	蘇門山	字弱翁，燧之仲兄，少以儒學聞於時，隱居蘇門山，不辟召。至德中，掌書記、試大理評事、監察御使，歷侍御史。常參謀議，光弼甚重之。建中初，爲潤州刺史，黜陟使柳載以清白聞，徵拜太子右庶子，遷左散騎常侍。	《舊唐書》卷一三四
孔巢父	徂徠山	① 孔子三十七世孫，少力學，與韓準、裴政、張叔明、陶沔隱於徂徠山，號「竹溪六逸」。 ② 不應永王璘之辟，累上破賊方略，帝嘉納，未幾，兼御使大夫，宣慰使，紓難有功。 ③ 後爲河中節度使李懷光所害。	《新唐書》卷一六三 《舊唐書》卷一五四
陸　羽	苕溪	① 字鴻漸，不知所生，乃竟陵禪師智積得於水濱，撫養之。 ② 及長，恥從削髮，以易自筮，得其爲名陸羽。 ③ 上元初，結廬苕溪上閉門讀書，名爲高士，談讌終日。 ④ 自比接輿，與皎然上人爲忘年之交。 ⑤ 有詔拜太子文學，不應。 ⑥ 與皇甫冉善，欲往依鮑防，冉有序相贈。	《新唐書》卷一九六〈隱逸〉 《唐才子傳校正》卷三

附錄三：皇新貴戚之隱

姓　名	隱居地	內　容　分　析	備　註
武攸緒	嵩　山	① 則天兄之子也，恬淡寡欲，少變姓名，賣卜長安市。 ② 后革命，封安平郡王，固辭，願隱居。 ③ 后疑其詐，許之，以其我爲，其盤桓龍門、少室間。多蔽茅椒，夏居石室，所賜階不御。 ④ 中宗初，降封巢國公，召拜太子賓客，苦其還山，詔可。 ⑤ 諸韋誅，武氏連禍，唯攸緒免禍。 ⑥ 開元十一年卒。	《新唐書》卷一九六 《舊唐書》卷一八三
劉得仁		① 公主之子也，開成至大中三朝，昆弟以貴戚，皆擢顯仕。 ② 得仁獨苦工文，嘗立志，必不獲科第不願儻人之爵也。出入舉場二十年，竟無所成。 ③ 投跡幽隱，未嘗耿耿。	《唐才子傳校正》卷六

附錄四：以隱入召且就官者

姓　名	隱居地	內　容　分　析	備　註
李　泌	① 嵩、華終南間 ② 衡　山	① 泌操尚不羈，恥隨常格仕進。 ② 天寶中，自嵩山上書論當世務，玄宗召見，令待詔翰林，仍東宮供奉。 ③ 楊國忠忌其才辯，陷害之，乃遁名山，以習隱自適。 ④ 天寶末，肅宗在靈武即位，泌赴行在謁見，延至臥內，動皆顧問。泌稱山人，固辭官秩，特以散官寵之，權逾宰相。 ⑤ 李輔國害其能，將有不利於泌，泌懼，乞遊衡山。 ⑥ 代宗即位，召爲翰林學士，頗承恩遇。 ⑦ 元載惡其異己，忌之。 ⑧ 元載誅，乃馳傳入謁，上見悅之，又爲宰相常袞所忌，出爲楚州刺史。 ⑨ 代宗時，拜中書侍郎平章事。 ⑩ 以詭道求容，不爲時君所重。 ⑪ 德宗初即位，惡巫祝怪誕之士，抑止之。	①《舊唐書》卷一三〇 ②《新唐書》卷一三九 ③《唐詩紀事》卷二十七 ④《太平廣記》卷三十八、七十九、九十六、一四九、一五〇、一五二、二八九
葉法善		① 自曾祖三代爲道士。 ② 高宗召，不受，求爲道士，因留內道場，供待甚厚。 ③ 歷高宗、則天、中宗五〇年，往來名山，數召入禁中，盡禮問道。 ④ 睿宗即位，先天二年，拜鴻臚卿，封越國公，仍爲道士，止於京師之景龍觀。 ⑤ 卒一〇七歲。	①《太平廣記》卷二十六 ②《舊唐書》卷一九一，〈方伎〉 ③《新唐書》卷二〇四，〈方伎〉

李淳風		① 岐州雍人。父播，仕隋高唐尉，棄官爲道士，號黃冠子，以論撰自見。淳風幼爽秀，通群書，明步天曆算。貞觀初，與傅仁均爭曆法，議者多附淳風，故以郎直太史局。制渾天儀。 ② 淳風于占候吉凶，若節契然，當世術家意有鬼神相之，非學習可致，終不能測也。	《新唐書》卷二〇四，〈方伎〉
薛 頤	九嵏山	① 大業中，爲道士。 ② 武德初，追直秦府，頤密言秦王，當有天下。 ③ 貞觀中，上表請爲道士。 ④ 太宗爲置紫府觀於九嵏山，拜頤中大夫，行紫府觀主事。	《舊唐書》卷一九一，〈方伎〉
劉道合	嵩 山	① 初與潘師正同隱於嵩山。 ② 高宗聞其名，令於隱所置太一觀以居之。 ③ 召入宮中，深尊禮之。 ④ 前後賞賜，皆散失貧乏，未嘗有所蓄積。 ⑤ 高宗令合還丹，丹成上之。 ⑥ 咸亨中卒，尸解。	①《舊唐書》，卷一九二，〈隱逸〉 ②《新唐書》，卷一九六，〈隱逸〉
桑道茂		① 大曆中遊京師，言事無不重。 ② 代宗召之禁中，待詔翰林。 ③ 建中初，神策軍脩奉天城，道茂請高其垣牆，大爲制度，德宗不之省。及朱泚之亂，帝蒼卒出幸，至奉天，方思道茂之言，時道茂已卒，命祭之。	①《舊唐書》卷一九一，〈方伎〉 ②《新唐書》卷二〇四，〈方伎〉
尚獻甫		① 初出家爲道士。則天時召見，起家拜太史令。固辭曰：「臣久從放誕，不能屈事官長。」則天乃改太史局爲渾儀監，不隸祕書省。 ② 數顧問災異，事皆符驗。 ③ 預言死日，果驗。 ④ 則天甚嗟異惜之。	①《舊唐書》卷一九一，〈方伎〉 ②《新唐書》卷二〇四，〈方伎〉
王希夷	① 嵩 山 ② 徂徠山	① 父母終，隱於嵩山，師道士黃頤。 ② 頤卒，更居兗州徂徠山，與劉亨博爲棲遁之友。 ③ 開元十四年，玄宗下制曰……可朝散大夫，守國子博士，聽致仕還山。	①《舊唐書》卷一九二，〈隱逸〉 ②《新唐書》卷一九六，〈隱逸〉
王友貞		① 弱冠時，曾割股以飴親，則天特加旌表。 ② 素好學，訓誨弟子如嚴君，尤好釋典，時論以爲眞君子。 ③ 長安中，歷任長水令，後罷歸田里。 ④ 中宗召，不就。 ⑤ 詔褒之。……可太子中舍人員外置，給全祿以畢其身，任其在家修道。 ⑥ 玄宗在東宮，又表請禮徵之，竟辭疾不赴。	①《舊唐書》卷一九二，〈隱逸〉 ②《新唐書》卷一九六，〈隱逸〉
白履忠	古大梁城	① 博涉文史，嘗隱居於古大梁城。 ② 景雲中，徵拜校書郎，尋棄官而歸。 ③ 詔封朝散大夫，履忠尋棄表請還鄉。 ④ 里人吳兢謂曰：子素食，不霑斗米匹帛，雖得五品何益？履忠曰……吾以讀書，縣爲免，今終身高臥，寬徭役，豈易得哉？	①《舊唐書》卷一九二，〈隱逸〉 ②《新唐書》卷一九六，〈隱逸〉

史德義	武丘山	① 咸亨初，隱居武丘山，以琴書自適，或騎牛帶瓢，出入郊郭廛市，號爲逸人。 ② 高宗聞其名，徵赴洛陽，尋稱疾東歸，公卿以下，皆賦詩餞別。 ③ 天授初，則天徵赴都，（由周興上表薦之）爲朝散大夫。 ④ 後周興伏誅，德義坐爲所薦免官，以朝散大夫放歸丘壑，自此聲那稍減於隱居前。	①《舊唐書》卷一九二，〈隱逸〉 ②《新唐書》卷一九六，〈隱逸〉
溫　造	王屋山	① 字簡輿，幼嗜學，不喜試吏。 ② 少所降志，隱居王屋山，以漁釣逍遙爲事。 ③ 壽州刺史張建封聞風致書幣招延，造欣然徙家從之。 ④ 爲官耿介直言，有軍功。 ⑤ 於晚年積聚財貨，一無散失，時頗譏之。	①《舊唐書》卷一六五 ②《太平廣記》卷一四四、一八七、一九○、三一○
田遊巖	①太白山 ②箕　山	① 初補太學三，後罷歸，遊於太白山。 ② 母與妻並有方外之志，與遊巖同遊山水二十餘年。 ③ 入箕山居許由祠旁，自號「許由東鄰」頻召不出。 ④ 高宗幸嵩山，遣薛元超就問其母。 ⑤ 文明中，進授朝散大夫，拜太子洗馬。 ⑥ 垂拱初，坐與裴炎交，放還山，齧衣耕食，不交當世。	①《舊唐書》卷一九二，〈隱逸〉 ②《太平廣記》卷二○二 ③《唐詩紀事》卷七 ④《新唐書》卷一九六，〈隱逸〉
尹元凱		坐事免官，乃棲遲山林，不求仕進，垂三十年。又詔爲右補闕，卒於并州司馬。	《舊唐書》卷一九○，〈文苑中〉
孔述睿	嵩　山	① 少與兄、弟皆事親爲孝聞，既孤，俱隱於嵩山。 ② 大曆中，代宗徵之，轉歷官任，述睿每加思命，暫至朝廷謝恩，旬日即辭疾，卻歸舊隱。 ③ 德宗立，以禮徵聘，述睿既至，又累表固辭，……後懇辭不獲，方就職。 ④ 性謙和退讓，與物無競，時稱爲長者。 ⑤ 貞元九年，以疾上表，請罷官，再三上表，方獲允許。	①《舊唐書》卷一九二，〈隱逸〉 ②《新唐書》卷一九六，〈隱逸〉
陸希聲	義　興	① 博學善屬文。 ② 商州刺史鄭愚表爲屬。後去，隱義興。久之，召爲右拾遺。 ③ 昭宗聞其名，召爲給事中，拜戶部侍郎、同中書門下平章事。 ④ 在位無所輕重，以太子少師罷。	《舊唐書》卷一一六
崔　觀	城固南山	① 以儒自業，不樂仕進，以耕稼爲業。 ② 老無子，以田宅貨奴婢，身與妻隱城固南山。 ③ 節度使鄭餘慶辟爲參謀，敦趣就職，不曉吏事，鄭以長者優客之。 ④ 文宗時，詔以起居郎，辭疾不至，卒於山。	①《舊唐書》卷一九二，〈隱逸〉 ②《新唐書》卷一九六，〈隱逸〉
崔元翰	白鹿山	① 名鵬，以字行。 ② 擢明經甲科，以母喪遂不仕，隱共北白鹿山之陽。 ③ 舉進士年五十矣，性剛褊，不能取容於時，孤特自恃。 ④ 晚年方取應……後罷爲比部郎中，時年已七十餘，卒。	《新唐書》卷二○三，〈文藝下〉

徐仁紀		① 聖曆中，徵左拾遺，三上書論得失，不納，遂移病鄉里。 ② 神龍初以其行可激俗，又徵拜左補闕，三上書，又不省，乃詣執政求出，俄授歸昌令。	《舊唐書》卷一九二，〈隱逸〉
吳筠	南 陽 倚帝山	① 舉進士不中，隱居南陽倚帝山為道士。 ② 天寶中，玄宗遣使詔至京師，與語甚悅，敕待詔翰林。 ③ 筠每陳設名教世務，帝重之。 ④ 筠性高鯁，後知天下亂，苦求還嵩山，詔為立道觀。	①《舊唐書》卷一九二，〈隱逸〉 ②《新唐書》卷一九六，〈隱逸〉 ③《唐才子傳校正》卷一
李渤		① 元和初，詔以右拾遺召，不拜，韓愈以書致之，始出家東都。 ② 元和九年討淮西，上平賊三術，以著作郎召。歲餘，遷右補闕，以直忤旨，下遷十三年，乃謝病歸。	①《舊唐書》卷一七一 ②《新唐書》卷一一八
一行	①嵩 山 ②當陽山	① 俗名張遂，少聰敏。 ② 武三思慕之，欲與交，一行逃匿避之。 ③ 出家為僧，隱嵩山。 ④ 睿宗以禮徵，不應命。 ⑤ 在荊州當陽山習梵律。 ⑥ 玄宗強起之，置於光太殿，且數就之。 ⑦ 年四十五卒。	①《舊唐書》卷一九一，〈方伎〉 ②《新唐書》卷二〇四，〈方伎〉
呂向	陸渾山	① 少孤，託外祖母隱陸渾山。 ② 彊志于學，每賣藥，即市閱書，遂通古今。 ③ 玄宗開元十年，召入翰林，兼集賢院校理，侍太子及諸王為文章。 ④ 向因奏美人賦以諷，帝善之，擢左拾遺。 ⑤ 以起居舍人從帝東巡。 ⑥ 久之，遷主客郎中，專侍皇太子，眷賚良異，官途平坦。	《新唐書》卷二〇二，〈文藝〉中
陽城	中條山	① 家貧不能得書，乃求為集賢院寫書吏，竊官書讀之，經六年，無所不通。 ② 城謙恭簡素，遇人長幼如一。 ③ 隱中條山，遠進慕其德行，多從之學。 ④ 李泌薦之。 ⑤ 居官盡職守。 ⑥ 順宗欲召，已卒。	①《舊唐書》卷一九二，〈隱逸〉 ②《新唐書》卷一一九，〈卓行〉
李季蘭		① 名冶，以字行，女道士也，美姿容，尤工格律。 ② 時往來剡中，與山人陸羽、上人皎然意甚相得。 ③ 天寶間，玄宗聞其詩才，詔赴闕。留宮中餘，優賜甚厚，遣歸故山。	《唐才子傳校正》卷二

附錄五：曾登第又不務進取的矛盾之隱

姓　名	隱居地	內　容　分　析	備　　註
王　績	絳州龍門	① 隋大業末，舉孝廉。不樂在朝，辭疾。 ② 以嗜酒妨政，遂托病風，輕舟夜遁乃還故里，武德中，詔徵以前朝官待詔門下省。 ③ 貞觀初，以疾罷歸。 ④ 與仲長子光相近結廬，日與對酌。 ⑤ 姓簡傲，好飲酒。 ⑥ 遂掛冠引退。	①《唐才子傳正》卷一 ②《唐詩紀事》卷四 ③《新唐書》卷一九六，〈隱逸〉 ④《舊唐書》卷一九二，〈隱逸〉
楊　播		楊炎父播，登進士第，隱居不仕，玄宗徵爲諫議大夫，棄官就養，亦以孝行禎祥，表其門閭。肅宗就加散騎常侍，賜號玄靖先生，名在逸人傳。	《新唐書》卷一八一，〈楊炎傳〉
閻　防	終南山 百丈溪	① 河中人，開元二十二年及第。 ② 爲人好古雅，詩語眞素，放曠山水，高情獨詣。 ③ 於終南山豐德寺，結茆茨讀書，百丈溪是其隱處。後信命不務進取，以此自終。	①《唐才子傳校正》卷二 ②《唐詩紀事》卷二十六
張眾甫	雲　陽	① 京口人，隱居不務進取，與皇甫御史友善，精廬接近。 ② 後各遊四方。 ③ 年過耳順，方脫章甫、爲太常寺太祝……罷秩，僑居雲陽。 ④ 建中三年卒。	①《唐才子傳校正》卷三 ②《唐詩紀事》卷二十九
竇　常	廣　陵	大曆十四年及進士第，居廣陵二十年，不求苟進，以講學著書爲事。	①《新唐書》卷一七五 ②《唐詩紀事》卷三十一
姚　係		① 河中人，貞元元年進士。 ② 有詩名，工古調，善單琴，好游名山。 ③ 希蹤謝、郭，終身不言祿，祿亦不及之。 ④ 乃林棲谷隱之士，往還酬酢，興趣超然。	①《唐才子傳校正》卷五 ②《唐詩紀事》卷二十七
費冠卿	九華山	登元和二年第，母卒，遂隱池州九華山。長慶中召拜右拾遺不赴。云：干祿養親耳，得祿而親喪，何以祿爲！	《唐詩紀事》卷六十
施肩吾	洪　州 西　山	① 字希聖。 ② 元和十五年進士。 ③ 不待除授，即東歸。 ④ 張籍群公吟餞，人皆知有仙風道骨，寧戀人間升斗耶？而少存箕、穎之情，拍浮詩酒，搴攬煙霞。 ⑤ 以洪州西山十二眞君羽化之地，慕其眞風，高蹈於此。	①《唐詩紀事》卷四十一 ②《全唐詩》卷四九四 ③《唐才子傳校正》卷六 ④《唐摭言》卷八
項　斯	朝陽峰	① 會昌四年進士，始官潤州丹徒縣尉，卒於任所。 ② 其性疏曠，溫飽非其本心。 ③ 初築草廬於朝陽峰前，交結淨者，凡三十餘年。 ④ 晚汙一名，殊屈清致。	①《唐詩紀事》卷四十九 ②《唐才子傳校正》卷七
鄭　巢	兩浙之間	① 錢塘人，大中間舉進士。 ② 時姚合號詩宗，爲杭州刺史，巢獻所業，日遊門館，大得獎重，如門生禮。 ③ 巢性疏野，兩浙湖山，寺宇幽勝，多名僧，外學高妙，相與往還酬酢，竟不仕而終。	《唐才子傳校正》卷八

| 陸龜蒙 | 太湖 | ① 嘗從張搏遊歷湖、蘇二州，辟以自佐。
② 嘗至饒州，三日無所詣，刺史率官屬就見，不樂，拂衣去。
③ 居松江甫里。
④ 不喜與流俗交，雖造門，亦罕納。
⑤ 時放扁舟，太湖三萬六千頃，往來自由，自稱「江湖散人」、「天隨子」、「甫里先生」，自此「涪翁」、「漁父」、「江上丈人」。
⑥ 後以高士徵，詔方下，龜蒙卒。 | ①《新唐書》卷一九六，〈隱逸〉
②《唐詩紀事》卷四十九
③《唐才子傳校正》卷八 |

附錄六：仕而後隱者

姓　名	隱居地	內　容　分　析	備　　註
孫處玄	會稽山	① 長安（武后時）中徵為左拾遺。頗善屬文。嘗恨天下無書以廣新文。神龍初，處玄遺彥範書，論時事得失，彥範竟不用其言，乃去官還鄉里。以病卒。 ② 率屢貞素，潛耀不起，逍遙雲海琴酒之間，放浪形骸繩檢之外，郡國交徵，不應。嘗謁湖州崔使君，不得志，以書作別，遂歸會稽山陰別業。	《舊唐書》卷一九二，〈隱逸傳〉
祖　詠	汝墳	① 開元十二年進士。 ② 以流落不偶，移家歸汝墳間別業，以漁樵自終。	《唐才子傳校正》卷一
孟浩然	鹿門山	以詩自適。年四十來遊京師，應進士不第，還襄陽。張九齡鎮荊州，署為從事，與之唱和。不達而卒。	《舊唐書》卷一九〇，〈文苑下〉 《唐才子傳校正》卷二
常　建	鄂渚	大曆中，仕頗不如意，遂放浪琴酒，往來太白、紫閣諸峰，有肥遯之志。後寓居鄂渚，招王昌齡，張僨同隱，獲大名於當時。	《唐才子傳校正》卷二
薛　據	終南山	① 荊南人，開元十九年王維榜進士，天寶六年，於吏部參選。 ② 後仕歷司議郎，終水部郎中。 ③ 嘗自傷不得早達。 ④ 初婕棲遁，居嵩山鍊藥。 ⑤ 晚歲置別業終南山下，老焉。	《唐才子傳校正》卷二
蕭　存	廬　山	惡裴延齡之為人，棄官歸廬山，以山水自娛。	《因話錄》卷三
顧　況	茅　山	① 字逋翁，蘇州人，至德二年進士。 ② 善歌詩，性恢諧，不修檢操，工畫山水。 ③ 況素善李泌，遂師事之，得其服氣之法能終日不食。 ④ 及泌相，自謂當得達官，久之，遷著作郎。 ⑤ 及泌卒，遂全家去，隱茅山。	《唐才子傳校正》卷三
顧非熊	茅　山	① 顧況之子，少俊悟。 ② 滑稽好淩轢，在舉場垂三十年。 ③ 會昌五年，追榜放令及第。 ④ 援盱眙主簿，不樂拜迎，因棄官歸隱茅山。	《唐才子傳校正》卷七 《唐詩紀事》卷六三

朱灣	會稽山	率履貞素，潛耀不起，逍遙雲山琴酒之間，放浪形骸繩檢之外，郡國交徵，不應。嘗謁湖州崔使君，不得志，以書作別。遂歸會稽山陰別業。	《唐才子傳校正》卷三
張祐	丹陽	① 字承吉，來寓姑蘇，樂高尚，稱處士。 ② 爲元稹抑，由是自京師，寂寞而歸，遂客淮南幕府。 ③ 性愛山水，多遊名山。 ④ 晚與白樂天，日相聚謔謔。 ⑤ 大中中，卒於丹陽隱居。	《唐才子傳校正》卷六
徐寅	延壽溪	① 莆田人，乾符元年進士及第。 ② 其宦途蹭蹬，鬚鬢交白，始得秘書正字；竟蓬轉客途，不知所終，歸隱延壽溪。	《唐才子傳校正》卷十
孟貫		① 閩中人，爲性疏野，不以榮宦爲意，喜篇章。 ② 後周世宗幸廣陵，時貫有詩價，世宗亦問之，惜獻詩句不當，引世宗不悅，不復終卷，賜釋褐，進士虛名而已，不知其終。	《唐才子傳校正》卷十
陳琡	茅山	① 陳鴻之子，良史也，咸通中，佑廉使郭常侍銓之幕于徐。 ② 性耿介，非其人不與之交，仕不合，遂棄挈家居茅山，與妻子隔山而居。	《太平廣記》卷二〇二，第二五則
李白	徂徠山	① 少與魯中諸生隱於徂徠山，時號「竹溪六逸」。 ② 以道吳筠故詔赴師爲待詔翰林。 ③ 懇求還山，賜黃金，詔放歸。是年冬，乞蓋寰爲造眞籙由高天師如貴道士授道籙于濟南郡紫極官。	①《舊唐書》卷一九〇，〈文苑中〉 ②《新唐書》卷二〇二〈文藝中〉 ③《唐才子傳校正》卷二 ④《唐詩紀事》卷一八
賀知章		性曠夷，善談說，晚節，尤誕放，自號四明狂客。天寶初，請爲道士，歸里，詔賜鏡湖、剡川一曲。	①《新唐書》卷一九六，〈隱逸〉 ②《舊唐書》卷一九〇，〈文苑中〉 ③《唐才子傳校正》卷三 ④《唐詩紀事》卷一七
王守愼		原爲則天朝之監察御史。時羅織事起，守愼舅秋官侍郎張知默推詔獄，奏守愼同知其事，守愼以疾辭，因請爲僧。則天初甚怪之，守愼陳情，詞理甚高，則天欣然從之，賜號法成。識鑒高雅，爲時賢所重。以壽終。	《舊唐書》卷一九二，〈隱逸〉
盧照鄰	①太白山 ②具茨山	① 字升之，范陽人。 ② 調鄧王府典籤，王愛重，後遷新都尉，因病去官。 ③ 居太白山草閣，以服餌爲事，後疾轉篤，乃徙居具茨山，買園數十畝。疏潁水周舍，復預爲墓，偃臥其中。殘廢不行已十年，遂自傷，作《釋疾文》與親屬訣，自沉潁水。	①《唐才子傳校正》卷一 ②《舊唐書》卷一九〇，〈文苑上〉 ③《新唐書》卷二〇一 ④《唐詩紀事》卷七
孟詵	伊陽	① 汝州梁人，舉進士，垂拱初，累遷鳳閣舍人。 ② 少好方術，後因事出爲「台州司馬」(則天時)。 ③ 睿宗在藩時，召充侍讀。 ④ 神龍初致仕，歸伊陽之山第，以藥餌爲事。	①《舊唐書》卷一九一，〈方伎〉 ②《新唐書》卷一九六，〈隱逸〉

元德秀	陸 渾	① 河內人，字紫芝，開元二十一年登進士。 ② 登第後，母亡，廬於墓所，食無鹽酪，藉無茵席，刺血劃像寫佛經。 ③ 久之，以孤幼牽於祿仕，調授刑州南和尉。佐治有惠政。秩滿，南遊陸渾，見佳山水，杳然有長往之志，乃結廬山阿。	①《舊唐書》卷一九○，〈文苑下〉 ②《新唐書》卷一一九，〈卓行〉
包 佶		① 字幼正，天寶六年進士。 ② 累官至諫議大夫，御史中丞。 ③ 居官謹礭，所在有聲。 ④ 晚歲沾風痺之疾，辭寵樂高，不及榮利	①《新唐書》卷一四九，〈劉晏傳〉 ②《唐才子傳校正》卷三
張 諲	少室山	① 永嘉人，初隱少室下，閉門修肄。 ② 應舉，官到刑部員外郎。 ③ 天寶中，謝官歸故山偃仰，不復來人間	《唐才子傳校正》卷二
張志和	越 州 東 部	婺州金華人，親喪不復仕，隱居江湖，自稱煙波釣徒，亦號玄眞子	①《新唐書》卷一九六，〈隱逸〉 ②《唐才子傳校正》卷三
李 端	① 盧 山 ② 終南山草堂寺 ③ 杭州虎丘	少居盧山，依皎然讀書，及第後以清羸多病，辭官居終南山草堂寺。未幾，又起爲杭州司馬。買田園在虎丘下。自號衡嶽幽人，懷箕、穎之志。	《唐才子傳校正》卷四
夏侯審	華 山	① 建中元年禮部侍郎令狐峘下試軍謀越眾科第一，釋褐校書郎，又爲參軍，仕終侍御史。 ② 初於華山下買田園爲別業，晚年退居其中，諷吟頗多。	①《新唐書》卷二○二，〈文藝中〉 ②《唐才子傳校正》卷四
劉 商	義 興 胡父渚	① 字子夏，擢進士第，累官。 ② 後辭疾挂印，歸舊業。 ③ 好神仙，鍊金骨。後隱義興胡父渚，結侶幽人，世傳沖虛而去。	《唐才子傳校正》卷四
竇 牟	東都別業	① 字貽周，貞元二年進士。 ② 初學問於江東，家居孝謹，善事繼母，奇文異行，聞於京師。 ③ 未嘗干謁，竟捷文場。 ④ 轉仕至國子司業終。 ⑤ 晚從昭義從史，從史寖驕，牟度不可諫，即移疾歸，居居東都別業	①《舊唐書》卷一五五 ②《新唐書》卷一七五 ③《唐才子傳校正》卷四
蕭 俛	濟 源 別 墅	① 字思謙。貞元七年進士擢第。 ② 皇甫鎛用事，言於憲宗，拜俛御史中丞。俛與鎛及令狐楚，同年登進士。 ③ 楚作相，二人雙薦俛於上。自是顧眄日隆。 ④ 穆宗即位之月，議命宰相，令狐楚援之，拜中書侍郎、平章事。 ⑤ 三次上書求罷相任，不果，丁母喪致仕於家，歸濟源別墅，逍遙山野。	《舊唐書》卷一七二

李　約		① 字存博，李勉之子。 ② 元和中，仕爲兵部員郎。 ③ 性清潔寡欲，一生不近粉黛，博古探奇。 ④ 坐間悉雅士，清談終日，彈琴煮茗，心略不及塵事也。 ⑤ 後棄官終隱。	《唐才子傳校正》卷六。
雍　陶	廬　山	① 字國鈞，成都人。 ② 大和八年進士及第，然恃才傲睨，薄於親黨，其舅劉敬之下第，寄陶詩云責之，陶愧郝遂通問不絕。 ③ 後竟辭榮，閑居廬嶽。	①《唐才子傳校正》卷六 ②《唐詩紀事》卷五十六
段成式	襄　陽	① 式字柯古，以蔭入官，爲秘書省校書郎。 ② 研經古學，秘閣書籍，披閱皆遍。 ③ 咸通初，出爲江州刺史，解印，寓居襄陽。以開放自適。	①《舊唐書》卷一六七 ②《新唐書》卷八十九
王季文	九華山	① 字宗素，池陽人。少厭名利，居九華，遇異人，授九仙飛化之術。 ② 咸通中登進士第，授秘書郎，謝病歸九華。	《唐詩紀事》卷二十九
鄭　谷	仰山書堂	① 字宋愚，表州人。 ② 幼穎悟絕綸，七歲能詩。 ③ 光啓三年第進士，授京兆鄠縣尉，遷右拾遺補闕，未幾告歸仰山書堂，卒於北巖別墅	①《唐才子傳校正》卷九 ②《唐詩紀事》卷七〇
王　駕		① 字大用，浦中人。自號守素先生。 ② 大順元年，登第，授校書郎，仕至禮部員外郎。 ③ 棄官嘉遁於別業。	①《唐才子傳校正》卷九 ②《唐詩紀事》卷六十三
李建勳	高　安	① 字致堯，廣陵人。 ② 仕南唐爲宰相，後罷，出鎮臨川。 ③ 未幾，以司徒致仕，賜號鍾山公，年已八十。 ④ 歸高安別墅，一夕無病而逝。	《唐才子傳校正》卷十
孟賓于	玉笥山	① 字國儀，聰敏特異，有鄉曲之譽。 ② 晉，天福九年，禮部侍郎符蒙知貢舉，賓于簾下投詩，蒙得詩，以爲相見恨晚，遂擢第，時已敗五舉矣。 ③ 後仕江南李主（南唐），調溢陽令。 ④ 興國中致仕，居玉笥山，年七十餘卒，自號「群黃峰叟」。	《唐才子傳校》卷十

附錄七：早年讀書山林者

姓　名	隱居地	內　容　分　析	備　註
李　紳	①華　山 ②惠　山	① 居惠山讀書十年 ② 元和元年進士。 ③ 官至宰相。	①《唐才子傳校正》卷六 ②《唐詩紀事》卷三十九 ③《太平廣記》卷二十七
劉長卿	嵩　山	① 字文房，河間人。少居嵩山讀書，後移家來鄱陽最久。 ② 開元二十一年及第。 ③ 長卿清才冠世，頗凌浮俗，性剛，多忤權門，故兩逢遷斥，人悉冤之。	①《唐才子傳校正》卷二 ②《唐詩紀事》卷二十六

徐 商	中條山	① 幼隱中條山。 ② 咸通四年，官至「同中書門下平章事」，出爲荊南節度使，累進「太子太保」，卒。	①《新唐書》卷一一三 ②《全唐詩》卷七二四
張 謂	嵩 山	① 字正言。天寶二年進士 ② 少讀書嵩山，清才拔萃，汛覽流觀，不屈於權勢。 ③ 自矜奇骨，必笑談封侯。 ④ 累官爲禮部侍郎。 ⑤ 性嗜酒，簡淡，樂意湖山。	①《唐才子傳校正》卷四 ②《唐詩紀事》卷二十五
岑 參	嵩 山	① 全唐文卷三五八「感舊賦」序云：「十五歲隱於嵩陽」。 ② 累官左補闕、起居郎，出爲嘉州刺史。 ③ 天寶三年及第。 ④ 杜鴻漸表置安西幕府。 ⑤ 別業不少，以中原紛亂，後終於蜀。	①《唐才子傳校正》卷三 ②《唐詩紀事》卷二十三 ③《全唐文》卷三五八
房 琯	①陸渾山 ②伊陽山	① 房琯字次律。 ② 琯少好學，風度沈整，以蔭補弘文生。 ③ 與呂向偕隱陸渾山，十年不諧際人事。 ④ 開元中，作封禪書，說宰相張說，說奇之，奏爲校書郎。舉任縣令科，授盧氏令。 ⑤ ……累官至宰相 ⑥ 天寶十五載，帝狩蜀，琯馳至普安上謁，帝喜甚，即拜文部尚書、同中書門下平章事，從至成都，賜一子官。	①《新唐書》卷一三九 ②《唐詩紀事》卷十九 ③《舊唐書》卷一一一
李 賀	昌 谷	全唐詩卷三九二「昌谷讀書示八童」少時讀書昌谷。	①《唐才子傳校正》卷五 ②《唐詩紀事》卷四十 ③《全唐詩》卷三九〇
徐彥伯	太行山	早年結廬太行山下。薛元超安撫河北，表其賢，對策高第調軍職，歷仕中宗、武后、中宗、睿宗、玄宗。以疾乞歸，許之，開元二年卒。	①《新唐書》卷一一四 ②《唐詩紀事》卷九
崔 從	太 原	① 寓居太原，與仲兄能同隱山林，苦心力學，如是十年不出。 ② 貞元初進士登第，釋褐山南西道推官，累官。	①《舊唐書》卷一七七 ②《新唐書》卷一一四
李商隱	王屋山 終南山	① 早年習業王屋山、終南山。 ② 仕宦之途因王茂元、令狐綯之故，蹭蹬不已，終罷官客榮陽卒	①《舊唐書》卷一九〇，〈文苑下〉 ②《新唐書》卷二〇三，〈文藝下〉
韓 偓	紫閣峰	① 居紫閣峰讀書，自號「玉樵山人」，工詩。 ② 龍紀元年，禮部侍郎趙崇下擢第。累官至兵部侍郎，翰林承旨。	①《唐才子傳校正》卷九 ②《唐詩紀事》卷六十五
皮日休	鹿門山	① 初隱居鹿門山。 ② 咸通八年及第，爲著作郎，遷太常博士。時值末年天下亂，遂作《鹿門隱居》譏切繆政。 ③ 乾符喪亂，東出關，爲賊所陷，黃巢惜其才，求之未果，遂殺之。	①《唐才子傳校正》卷八 ②《唐詩紀事》卷六十四 ③《北夢瑣言》卷二

殷文圭	九華山	初隱九華山，刻苦於學，後仕南唐（唐乾寧五年進士）其子且更姓名歸朝	①《唐才子傳校正》卷十 ②《唐詩紀事》卷六十八
許　渾		① 大和六年進士，爲當塗、太平二縣令。 ② 嘗分司朱方，買田築室，後抱病退居，丁卯澗橋村舍。 ③ 渾樂林泉，早歲嘗遊天台，傲然有思歸之想。 ④ 大中三年任監察御史，以疾乞東歸，終郢、睦二州刺史	①《唐才子傳校正》卷七 ②《唐詩紀事》卷五十六
李　頻	西　山	① 少秀悟，長，結廬西山。與同里「方干」爲師友。 ② 姚合時稱詩穎，頻不憚走千里丐其品第。 ③ 大中八年進士。 ④ 姓耿判，難干以非禮，宋正不阿，卒於建州刺史官下。	①《唐才子傳校》卷七 ②《唐詩紀事》卷六〇 ③《新唐書》卷二〇三，〈文藝下〉
李　中	廬　山	① 嘗讀書廬山。 ② 字有中，九江人。唐末嘗第進士。 ③ 爲新塗、淦陽、吉水三縣令，仕終水部郎中。	①《唐才子傳校正》卷十 ②《全唐詩》卷七五〇
伍　喬	廬　山	① 少隱居廬山讀書，工爲詩。 ② 南唐詩舉進士第，仕至考功員外郎。	①《唐才子傳校正》卷七 ②《全唐詩》卷七四四
符　載	① 青　城 ② 廬　山	① 載，字厚之，蜀人，有奇才。 ② 始與楊衡、宋濟習業青城山，復隱廬山。 ③ 以王霸自許，爲地方官之幕僚以終。	《唐詩紀事》卷五十一
李　郢	餘　杭	① 大中十年進士。 ② 初居餘杭，出有山水之興，入有琴書之娛，疏於馳競。 ③ 歷爲藩鎮從事，後拜侍御史。	①《唐才子傳校正》卷八 ②《唐詩紀事》卷五十八
羊士諤	女几山	① 貞元元年禮部侍郎鮑防下進士。 ② 順宗時，爲王叔文所惡，貶汀州寧北尉。 ③ 元和初，宰相李吉甫知獎，爲監察御史，掌制誥。 ④ 後以竇群、呂溫等誣論宰相執，出爲資州刺史 ⑤ 早歲嘗游女几山，有卜築之志。勳名相迫，不遂初心。	①《唐才子傳校正》卷五 ②《唐詩紀事》卷四十三
邵　謁	韶　州 翁源縣	① 韶州翁源縣人，居離縣之某湖，環室皆水，發憤讀書。 ② 咸通七年抵京師，隸國子監，詩溫庭筠主試，憫擢寒苦，乃榜其詩，以振公道。 ③ 已而釋褐，後赴曾，不知所終。	①《唐才子傳校正》卷八 ②《全唐詩》
丘　爲		① 初累舉不第，歸山讀書數年。王維甚稱許之，嘗與唱和。 ② 天寶中進士。 ③ 事母孝，累官太子右庶子。 ④ 以行止爲人所敬。	①《唐才子傳校正》卷二 ②《唐詩紀事》卷十七
陳子昂	梓　州	① 字伯玉。開耀二年進士。 ② 年十八未知書，以富家子任俠尚氣，後感悔，即於州東南金華山觀讀書，痛自修飾。 ③ 武后奇其才。 ④ 貌柔雅，爲性褊躁，輕財好施，篤朋友之義。	①《舊唐書》內一九〇，〈文苑中〉 ②《唐才子傳校正》卷一
于　鵠	漢　陽	① 初買山於漢陽高隱，三十年猶未成名。 ② 大曆中，嘗應薦歷諸府從事，出塞入塞，馳風逐沙。	①《唐才子傳校正》卷四 ②《唐詩紀事》卷二十九

附錄八：久舉不第的失意隱者

姓名	隱居地	內 容 分 析	備 註
沈千運	襄、鄧間	① 天寶中，數應舉不第，時年齡已邁，遨遊襄、鄧間，干謁名公。 ② 嘗感懷賦詩：一生但區區，五十無寸祿。 ③ 其時多艱，自知屯蹇，遂浩然有歸歟之志，還山中別業。 ④ 肅宗議備禮徵致，會卒而罷。	①《唐才子傳校正》卷二 ②《唐詩紀事》卷二十二
張碧		① 字太碧，貞元間舉進士，累不第。 ② 慕李白，一杯一詠，必見清風，故其名、字，皆亦逼似。 ③ 委興山水，言多野意。	《唐才子傳校正》卷五
長孫佐輔		① 朔方人，舉進士不第，放懷不羈。 ② 後卒不宦，隱居以求志。 ③ 風流醞藉，一代名儒。	《唐才子傳校正》卷五
方干	鏡湖	① 大中中，舉進士不第，隱居鏡湖中。 ② 家貧，素吟醉臥以自娛。 ③ 王公嘉其操，欲薦於朝，惜以疾逝去，事不果成。 ④ 干早歲往來兩京，公卿好事者爭廷納，名竟不入手，遂歸，無復榮辱之念。	①《唐才子傳校正》卷七 ②《唐詩紀事》卷六十三
任藩	會稽、笤、霅	① 會昌時人，家江東。 ② 舉進士不第，歸江湖，多遊會稽、笤、霅。 ③ 初不第，牓罷進謁主司曰：「……。侍郎豈不聞江東一任藩，家貧吟苦，忍令其去如來日也？敢從此辭，彈琴自娛，學道自樂。」主司慚，欲留不可得。	①《唐才子傳校正》卷七 ②《唐詩紀事》卷六十四
趙牧		① 大中、咸通中，累舉進士不第。 ② 有俊才，負奇節，遂捨場屋，放浪人間。 ③ 效李長吉爲歌，頗涉狂怪。竟不知所終	《唐才子傳校正》卷八
于武陵	嵩陽	① 名鄴，以字行，杜曲人。大中中，舉進士不第。 ② 攜書與琴，往來商、洛、巴、蜀之間，或隱於卜中，存獨醒之意。 ③ 少與時輩交遊。 ④ 嘗南來蕭、湘愛汀洲芳草，況是古騷人舊國，風景不殊，欲卜居未果，歸老嵩陽別墅。	①《唐才子傳校正》卷八 ②《唐詩紀事》卷五十八
喻坦之		咸通中舉進士不第，久寓長安，囊罄，憶漁樵，還居舊山，與李頻爲友。	①《唐才子傳校正》卷九 ②《唐詩紀事》卷七〇
陳摶	華山	① 舉進士不第，時戈革滿地，遂隱名，辟穀練氣。 ② 僖宗召之，封清虛處士，居華山雲台觀。 ③ 後宋祖登基，抵掌長歎曰：天下自此定矣。 ④ 宋太宗徵赴，賜號「希夷先生」。	《唐才子傳校正》卷十

姓　名	隱居地	內　容　分　析	備　註
賈　島	終南山	① 范陽人，初爲浮屠，名「無本」。 ② 連敗文場，囊篋空甚，來東都，旋往京，居青龍寺。 ③ 嘗歎曰：知余素心者，惟終南、紫閣、白閣諸峰隱者耳。 ④ 嵩丘有有草廬，欲歸未得，逗留長安，雖行坐寢食，苦吟不輟。 ⑤ 韓愈與之結爲布衣交，去浮屠，舉進士，島自此名著。	①《唐才子傳校正》卷五 ②《唐詩紀事》卷四〇 ③《全唐詩》卷四九六 ④《新唐書》卷一七六，〈韓愈附賈島傳〉
孟雲卿		① 天寶間不第，氣頗難平，志亦高尚，懷嘉遯之節。 ② 與薛據相友善，杜工部有酬唱贈答之作。 ③ 仕忠校書郎。	①《唐才子傳校正》卷二 ②《唐詩紀事》卷二十

附錄九：沽名釣譽，別有所圖之隱

姓　名	隱居地	內　容　分　析	備　註
盧藏用	終　南 少　室	① 字子潛，幽州范陽人，能屬文，舉進士，不得調。 ② 與兄徵明偕隱終南、少室二山，學練氣，爲辟穀，彷洋岷、峨。 ③ 與陳子昂、趙貞固友善。 ④ 長安中，召授左拾遺，上疏諫武后勿與兵建別宮，不從。 ⑤ 姚元崇爲靈武節度使，奏爲管記，後應縣令舉，爲濟陽令。 ⑥ 附太平公主，主誅，玄宗欲斬之，後流放，禦交趾叛，有功，後卒于始興。	①《新唐書》卷一二三 ②《唐詩紀事》卷十
竇　群	毗　陵	① 群，字丹刑，京兆金城人。兄弟皆擢進士第，獨群以處士客隱毗陵，以節操聞。 ② 母卒，齧一指至棺中，廬墓次終喪。 ③ 蘇州刺史韋夏卿薦之朝，并表其書，報聞，不召。 ④ 後夏卿入爲京兆尹，復言之，德宗擢爲左拾遺。 ⑤ 王叔文黨盛，柳宗元、劉禹錫等雅不喜群，群亦悻悻不肯附，王叔文終不用。 ⑥ 憲宗時，出爲唐州刺史，本與李吉甫以事伎恨，構陷之，爲憲宗所貶，卒於召還途中。 ⑦ 群很自用，果於復怨，始召，將大任之，眾皆懼，及聞其死，乃安。	①《舊唐書》卷一五五 ②《新唐書》卷一七五 ③《唐才子傳校正》卷四
王　琚	韋、杜間	① 少孤，敏悟有才略，年甫冠，會王同皎（駙馬）謀刺武三思，事洩亡命揚州。 ② 玄宗爲太子，聞游獵怠休樹下，琚以儒服見，自是太子每到韋、杜，輒止其廬。 ③ 玄宗時爲太子曰：「先生何以自隱，而日與寡人游？」琚曰：「臣善丹沙，且工諧隱，願比優人」太子喜，恨相知晚，眷委特異。 ④ 琚自以立動，至天寶時爲舊臣，性豪侈，既失志，稍自放，不能遵法度，右相李林甫按其罪誅之。	①《舊唐書》卷一〇六 ②《新唐書》卷一二一

姜　撫	牢　山	① 宋州人，自言通僊人不死術，隱居不出。 ② 開元末，太常卿韋韜祭名山，因訪隱民，時撫已數百歲。 ③ 召至東都，舍集賢院。 ④ 以常春藤、旱藕欺騙人主，以取俸祿。 ⑤ 被揭穿後；請求藥牢山，遂逃去。	《新唐書》卷二○四，〈方伎傳〉
李　虞	華　陽	① 紳族子虞，有文學名，隱居華陽，自言不願仕，時來省紳，雅與伯耆、程昔範善，及耆為拾遺，虞以書求薦，紳惡其無操立，痛誚之。 ② 虞失望，後至京師，悉暴紳所言於逢吉，欲搆陷之。	① 《新唐書》卷一八一 ② 《舊唐書》卷一七三 ③ 《唐才子傳校正》卷六
吉中孚	鄱　陽	① 楚州人，居鄱陽最久。 ② 初為道士，山阿寂寥，後還俗。 ③ 來長安調宰相，有薦於天子，日與王侯高會，名動京師，無幾何，第進士，授萬年尉，除校書郎。 ④ 貞元初卒。	① 《唐才子傳校正》卷四 ② 《唐詩紀事》卷三○
僧清塞	① 盧　山 ② 終　南 　　少　室	① 字鄉南，居廬嶽為浮屠。 ② 客南徐亦久，後來少室、終南間，俗姓周名賀。 ③ 工近體詩，格調清雅，與賈島、無可齊名。 ④ 寶曆中，姚合守錢塘，因攜書投刺以丐品第。 ⑤ 姚合延待甚異，見其〈哭僧詩〉大愛之，因加以冠巾，使復姓字。 ⑥ 《唐才子傳校正》以為其終依名山高僧至死。而《唐詩紀事》《郡齋讀書志》卷四〈清塞詩集〉皆以有還俗，而辛氏以為未還俗。	① 《唐才子傳校正》卷六 ② 《唐詩紀事》卷七六
僧靈徹	何　山	① 姓湯氏，字澄源，會稽人。 ② 受詩法於嚴維。 ③ 及維卒，乃抵吳興，與皎然居何山遊講，因以書薦於包佶，佶又書致李紓。 ④ 貞元中，西游京師，名振輦下。 ⑤ 緇流疾之，遂造飛語，激動中貴，因誣奏，得罪徙汀州。 ⑥ 元和十一年，終於宣州開元寺，年七一。	《唐才子傳校正》卷三
高　駢	鄱　陽	① 少閑鞍馬、弓、刀，善射，有臂力，更剗銳為文學，與諸侯儒交，硜硜談治道，以戰討之勳，累拜節度，國家倚之。 ② 巢賊甚異，兩京亦陷，大駕蒙塵，遂無勤王之意，包藏禍心，帝知之，以王鐸代之，駢失兵柄，方棄人間，絕女色，屬意神仙。	《唐才子傳校正》卷九

附錄十：以祿代耕的吏隱

姓　名	隱居地	內　容　分　析	備　註
王　維	終南山 藍　田	① 字摩詰，以一曲「鬱輪袍」出第。 ② 開元十九年狀元及第，擢左拾遺，遷給事中。 ③ 安賊陷二京，維扈從不及，復京後，唯維以凝碧詩獨免，仕至尚書右丞。 ④ 篤志奉佛，蔬食素衣，喪妻不再娶，孤居三〇年。 ⑤ 別墅在藍田南輞川，亭館相望 ⑥ 日與文士丘丹、裴迪、崔興宗游覽賦詩，琴樽自樂。	①《新唐書》卷二〇三，〈文藝中〉 ②《舊唐書》卷一九〇，〈文苑下〉 ③《唐才子傳校正》卷二 ④《唐詩紀事》卷十六
白居易	盧　山 香　山	① 字樂天。 ② 貞元十六年釋褐，會昌初，致仕，卒。 ③ 居易累以忠鯁遭擯，乃放縱詩酒，既復用，又皆幼君，仕情頓爾索寞。 ④ 卜居覆道里，與香山僧如滿等結淨社，疏沼種樹，構石樓鑿，八節灘，為游賞之樂，茶鐺酒杓不相離。 ⑤ 酷好佛，亦經月不葷，稱「香山居士」。	①《新唐書》卷一一九 ②《舊唐書》卷一六六 ③《唐詩紀事》卷十六 ④《唐才子傳校正》卷六
孟　郊	嵩　山	① 字東野。 ② 初隱嵩山，稱處士。 ③ 性介，不和諧，韓愈一見為忘形交，與唱和於詩酒間。 ④ 貞元十二年進士，時年五十矣，調溧陽尉。 ⑤ 縣有投金瀨，平陵城，林薄翁翳，下有積水，郊間坐水傍，命酒揮琴，徘徊終日賦詩，而曹務多廢，縣令白府，以假尉代之，分其半俸。 ⑥ 郊拙於生事，一貧徹骨，裘褐懸結，未嘗俛眉為可憐之色。 ⑦ 工詩，大有理致，韓愈稱之，多傷不遇。	①《新唐書》卷一七六 ②《舊唐書》卷一六〇 ③《唐才子傳校正》卷五 ④《唐詩紀事》卷三十五
暢　當	天桂山	① 河東人，大曆七年及第，少諳武事，生亂離間，盤馬彎弓，博沙寫陣，人曾伏之。 ② 時山東有寇，以子弟被召參軍，貞元初，為太常博士，仕終果州刺史。 ③ 多往來嵩、華間，結念方外，頗參禪道，故多松桂之興，深存不死之志。天桂山有隱所。	①《唐才子傳校正》卷四 ②《唐詩紀事》卷二十七 ③《全唐詩》卷二八七
殷　遙		① 丹陽人。 ② 天寶間，常仕為忠王府倉曹參軍。 ③ 與王維結交，同慕禪寂，志趣高疏，多雲岫之怨，而苦家貧。	《唐才子傳校正》卷三
李　頎		① 東川人，開元二十三年進士及第，調新鄉縣尉。 ② 性疏簡，厭薄世務，慕神仙，服餌丹砂，期輕舉之道。 ③ 結好塵喧之外，一時名輩，莫不重之。	①《唐才子傳校正》卷二 ②《唐詩紀事》卷二〇

馬戴	玉女洗頭盆	① 會昌四年進士。 ② 苦家貧，爲祿代耕，歲廩殊薄，然終日吟事，清虛自如。 ③ 早耽幽趣，結茅堂玉女洗頭盆下，軒窗甚僻，對懸瀑三十仞，往還多隱人。	①《唐才子傳校正》卷七 ②《唐詩紀事》卷十六 ③《全唐詩》卷五七三
嚴維	桐廬	① 初隱居桐廬。 ② 至德二年及第。 ③ 以家貧親老，不能遠離，授諸暨縣尉。 ④ 嚴中丞節度河南，辟佐幕府，遷餘姚令。 ⑤ 少年宦情，懷家山之樂，以業素從升斗之祿聊代耕耳。	①《唐才子傳校正》卷三 ②《唐詩紀事》卷四十七
曹唐		① 初爲道士，工文賦詩。 ② 大中間舉進士，咸通中爲諸府從事。 ③ 始得清流，志趣澹然，有凌雲之骨，追慕古仙子高情。往往奇遇，已才思不減前人。 ④ 平生之志甚激昂，至是薄宦，頗自鬱悒。	《唐才子傳校正》卷八
盧仝	少室山	① 范陽人，初隱少室山。號玉川子。 ② 家甚貧，後卜居洛城，破屋數間而已。 ③ 朝近知其清介之節，凡兩備禮徵爲諫議大夫，不起。 ④ 韓愈愛其操，敬待之。 ⑤ 坐王涯禍被吏卒誤殺。 ⑥ 干祿代耕，非近榮也，安卑從政非離群也，弱冠舉孝廉授州望江縣丞。	①《唐才子傳校正》卷五 ②《唐詩紀事》卷三十五 ③《新唐書》一七六
蕭祐		① 少孤貧窶，隱居，以孝養聞。 ② 自處士徵拜左拾遺，累官。 ③ 爲人喜遊心林壑，嘯詠終日，所交游多高士。	《舊唐書》卷一六八
司空曙		① 字文明，磊落有奇才。 ② 韋皋節度使，辟致幕府。 ③ 後累官左拾遺，終水部郎中。 ④ 性耿介，不干權要，家無石，晏如也。 ⑤ 嘗病中不給，遣其愛姬，亦自流寓長沙。 ⑥ 遷謫江右，多結契山林，暗傷流景。	①《新唐書》卷二〇三，〈文藝下〉 ②《唐才子傳校正》卷四
劉慎虛		① 嵩山人，姿容秀拔，九歲拜童子郎。 ② 開元間，調洛陽尉，遷夏縣令。 ③ 性高古，脫略勢利，肅傲風塵，後欲卜隱廬阜，不果。 ④ 交游多山僧道侶，善爲方外之言。	①《唐才子傳校正》卷一 ②《唐詩紀事》卷二十五
王季友		① 家貧賣屨，好事者多攜酒就之。其妻柳氏，疾季友窮醜，遣去，來客鄱城。 ② 洪州刺史李公，一見傾敬，即引佐幕府。 ③ 嘗有詩云：「山中誰余密？白髮日相親。雀鼠晝夜無。知我廚廩貧」。觀其篤志山水，可謂遠性風疏，逸情雲上矣。	《唐才子傳校正》卷四

附錄十一：避亂之隱

姓　名	隱居地	內　容　分　析	備　註
元　結	商　山	① 少不羈，弱冠，始折節讀書，天寶十三年進士。 ② 後舉制科，會天下亂，沼浮人間。 ③ 蘇源明薦於肅宗。 ④ 始隱於商山中，稱元子，逃入琦玕洞，稱「琦玕子」或稱浪士，漁者或稱聱叟。	①《唐詩紀事》卷二十二 ②《唐才子傳校正》卷三 ③《新唐書》卷一四三
令狐峘	南　山 豹林谷	以天寶末，及進士第，遇祿山亂，隱南山豹林谷，谷中有峘別業，司徒楊綰未仕時，避亂南山，止於峘舍。後綰薦之修國史，然後人不以為是良史。	①《新唐書》卷一〇三 ②《舊唐書》卷一四九
楊　綰	南　山	未仕時，避亂南山，止於令狐峘舍。	《舊唐書》卷一四九
李　華	江　南	① 字遐叔。開元二十三年進士擢第。 ② 為權幸見疾。 ③ 祿山陷京師，玄宗入蜀，百官解竄，華母在鄴，欲間行輦母以逃，為盜所得，偽署鳳閣舍人，賊平，貶之。 ④ 華自傷踐危亂，不能完節，欲終養而母亡，遂屏居江南。 ⑤ 李峴表置幕府，擢檢校吏部員外郎，苦風痺，去官，隱山陽。晚事浮風，不甚著書。	①《新唐書》卷二〇三，〈文藝下〉 ②《舊唐書》卷一九〇，〈文苑下〉
盧　綸	鄱　陽	① 字允言。避天寶亂，客鄱陽。與郡人吉中孚為林泉之友。大曆中，數舉進士不入第。 ② 元載取綸文以進，補閿鄉尉。累遷監察御史，輒稱疾去。	①《唐詩紀事》卷三〇 ②《唐才子傳校正》卷四 ③《新唐書》卷二〇三，〈文藝下〉
張子容	鹿門山	① 襄陽人，開元元年進士，仕為樂城令。 ② 初與浩然同隱鹿門山，後值亂離，流寓江表，棄官歸舊業以終。	①《唐詩紀事》三 ②《唐才子傳校正》卷一
王昌齡		① 字少伯，開元十五年進士，授汜水尉。 ② 又中宏辭，遷孝書郎。 ③ 以不護細行，貶龍標尉。 ④ 以兵火之際，歸鄉里，以刺史閭丘曉所忌而殺。	①《新唐書》卷二〇三，〈文藝下〉 ②《舊唐書》卷一九〇，〈文苑下〉 ③《唐才子傳校正》卷二
康　洽		① 酒泉人。 ② 盛時攜琴劍來長安，謁當道，氣度豪爽。 ③ 工樂府詩篇。 ④ 玄宗亦知名，嘗歎美之。 ⑤ 後遭天寶亂離，飄蓬江表。	《唐才子傳校正》卷四
秦　系	剡　溪	天寶末，避亂居剡溪，自號東海釣客。後客居泉州南安，結廬九日山，自號南安居，終年不出	①《唐詩紀事》卷二十八 ②《唐才子傳校正》卷三 ③《新唐書》卷一九六，〈隱逸〉
齊　抗	會　稽 剡　中	① 少值天寶之亂，隱居會稽剡中讀書 ② 為文長於牋奏，為官多佐幕府。 ③ 遇疾，上表請罷，改太子賓客，竟不任朝謝。 ④ 貞元二〇年卒，時年六十五。	《新唐書》卷一三六

皇甫冉	陽羨山	① 冉,避地來寓丹陽,耕山釣湖,放適閑淡。 ② 張九齡歎以清才。 ③ 天寶十五年進士。 ④ 調無錫尉,營別墅陽羨山中。 ⑤ 大曆中為王縉掌書記。 ⑥ 仕終拾遺左補闕。	①《唐詩紀事》卷二十七 ②《唐才子傳校正》卷三
蕭穎士	太室山	① 開元中,登進士第,縉紳多譽之。 ② 為李林甫所疾惡。 ③ 見安祿山寵恣,預見亂事,即託疾游太室山。 ④ 安祿山反,因藏家書於箕,穎間,身走山南。 ⑤ 又預見劉展之反,授揚州功曹參軍,至官,信宿去,客死汝南逆旅,年五十二。	①《新唐書》卷二○二,〈文藝中〉 ②《舊唐書》卷一九○,〈文苑下〉
楊衡	廬山	① 字仲師。 ② 天寶間避地西來,與符載、李群、李渤同隱廬山,結草堂於五老峰下,號「山中四友」。 ③ 日以琴酒寓意,雲月遣懷。 ④ 往來多山僧道士,為方外之期。	①《唐詩紀事》卷五十一 ②《唐才子傳校正》卷五
甄濟	衡州青岩山	① 少孤,獨好學。 ② 天寶中,隱居衡州青岩山,遠近服其仁。 ③ 採訪使苗晉卿表之,諸府五辟,詔十至,堅臥不起。 ④ 天寶十年以左拾遺召,未至,安祿山辟為范陽書記,久之,查有反意,遂託病亡歸。 ⑤ 安史亂平,濟詣軍門上謁泣涕,王為感動,拜太子舍人。	①《舊唐書》卷一八七,〈忠義下〉 ②《新唐書》卷一九四。
權皋	洪州	① 安祿山強召之,皋偽稱病,逃至江南。 ② 曾為高適充判官。 ③ 永王璘反,皋懼見迫從,又變名易服以免。 ④ 玄宗在蜀,聞而嘉之,除監察御史,會丁母喪,因家洪州,逾歲不聞詔命。 ⑤ 兩京蹂於胡騎,士君子多以家渡江東。 ⑥ 大曆三年,卒於家。	①《舊唐書》卷一四八 ②《新唐書》卷一一九,〈卓行〉
綦母潛	江東	① 字孝通,開元十四年進士。授宜壽尉。遷右拾遺,入集賢院待制,復授校書,終著作郎。 ② 見兵亂,官況日惡,乃掛冠歸隱江東別業。	①《唐詩紀事》卷二○ ②《唐才子傳校正》卷二
司空圖	中條山	① 咸通十年進士,見重當時。 ② 黃巢亂,間關至河中,僖宗次鳳翔,知制誥,中書舍人。 ③ 景福中,拜諫議大夫,不赴。 ④ 圖家本中條山王官谷,有先人田廬,遂隱不出。 ⑤ 自號知非子,耐辱居士,言涉詭激不常,欲免當時之禍。	①《舊唐書》卷一九○,〈文苑下〉 ②《新唐書》卷一九四,〈卓行〉 ③《唐才子傳校正》卷二
顧雲	九華山	① 字垂象。 ② 與杜荀鶴、殷文圭友善,同隸業九華山。 ③ 咸通中登第,因亂退居,杜門著書。 ④ 顧文賦為時所稱,而切於成名,嘗有啓事陳於所知,只望兩科盡處,竟列於尾株之前也。	《唐詩紀事》卷六七

李昭象	九華山	字化文。懿宗末年，以文干相國路巖，巖薦於朝，會其貶，遂還秋浦，移居九華山，與張喬、顧雲輩爲方外友。	①《唐詩紀事》卷六十七 ②《全唐詩》
張濬	商　山	① 性通脫無檢，汎知書史，喜高論，士友擯薄之。 ② 不得志，乃蠃服屏居金鳳山，學縱橫術，以揣闔干時。 ③ 黃巢之亂，稱疾，挾其母走商山。 ④ 僖宗西出，獻計厭士兵食，帝急召濬至行在，再進諫議大夫。 ⑤ 乾寧中致仕，居洛，長水墅，雖自屏處，然朝廷得失，時時言之。	《新唐書》卷一八五
孫魴	宜　春	① 唐末處士也。 ② 與沈彬，李建勳同時，唱和亦多。 ③ 終於南唐。 ④ 唐末鄭谷避亂歸宜春，魴往依之。	①《唐詩紀事》卷七一 ②《唐才子傳校正》卷十
張彪	嵩　山	① 初應舉不第，適逢喪亂，奉老母避地隱居嵩山。供養至謹。 ② 性高簡，善草書，志在輕舉。	①《唐詩紀事》卷二十三 ②《唐才子傳校正》卷二
張南史	揚州揚子	① 工奕棋，神算無敵。 ② 游心太極，嘗幅巾藜杖，出入王侯之宅十年，高談闊論，慷慨奇士也。 ③ 肅宗時爲參軍，後避亂寓居揚州揚子，再召未及赴而卒。	①《唐詩紀事》卷四一 ②《唐才子傳校正》卷三
李涉	①白鹿洞 ②終南山 ③少　室	① 洛陽人，自號清溪子。 ② 早歲客梁園，數逢兵亂，避地南來，樂佳山水，卜隱匡、香爐峰下石洞間。 ③ 嘗養一白鹿，甚馴狎，因名所居白鹿洞。 ④ 與弟渤、崔膺昆季茅舍相接，後徙居終南。 ⑤ 偶從陳許辟命從事行軍，未幾，以罪謫夷陵宰。十年蹭蹬峽中。 ⑥ 後遇赦得還，因盤桓歸洛下，營草堂，隱少室。	①《唐詩紀事》卷三〇 ②《唐才子傳校正》卷五 ③《新唐書》卷一一八
戴叔倫	鄱　陽	① 師事蕭穎士爲門生。 ② 賦性溫雅，善舉止，能清談，無賢不肖，相接盡心。 ③ 貞元中罷客管都督，上表請度爲道士，累官，有治聲，德宗遣使寵賜，世以爲榮。 ④ 叔倫初以淮，汴寇亂，攜親族避地來鄱陽。	①《唐詩紀事》卷二十九 ②《唐才子傳校》卷五
朱放	剡溪、鏡湖間	① 初居臨漢水，遭歲饉，南來卜隱剡溪、鏡湖間，排青紫之念，結廬雲臥，釣水樵山。 ② 時江、浙名士如林，風流儒雅，俱從高義。 ③ 大曆中，王皋鎮江西，辟爲節度參謀。未幾，不樂鞅掌，扁舟告還。	①《唐詩紀事》卷二十六 ②《唐才子傳校正》卷五
鮑溶	江　南	① 元和四年進士。 ② 初隱江南，山中避地，家苦貧，勁氣不撓，羈旅四方，登臨懷昔，皆古今絕唱。 ③ 卒飄蓬薄宦，客死三川。	①《唐詩紀事》卷四十一 ②《唐才子傳校正》卷六
來鵬	荊　襄	豫章人，家徐孺子亭邊，林園自樂。後遭廣明庚子之亂，避地遊荊襄，艱難險阻南返，中和客死於維揚逆旅	①《唐詩紀事》卷五十六 ②《唐才子傳校》卷八

陳 陶	洪 州西 山	屢舉進士不第，遂隱居不仕，自稱三教布衣。大中中，避亂於洪州西山，學神仙咽氣有得，出入無間。	①《唐詩紀事》卷六〇②《唐才子傳校正》卷八
羅 隱		① 少英敏，善屬文。 ② 乾符初，舉進士累不第。 ③ 廣明中，遇亂歸鄉里。 ④ 姓簡傲，高談闊論，滿座生風，好諧謔，感遇輒發，東方朔者流。 ⑤ 隱恃才忽睨，眾頗憎忌，自以當得大用，而一第落落，傳食諸侯，因人成事，深怨唐室。	①《唐才子傳校正》卷九②《全唐詩》卷六六三③《唐詩紀事》卷六十九
唐彥謙	漢 南	① 乾符末，攜家避地漢南。 ② 中和，王重榮表為河中從事，歷節度副使，晉、絳二州刺史。……後為閬州刺史卒。 ③ 才高負氣，唐人效杜甫者唯彥謙。	①《唐才子傳校正》卷九②《唐詩紀事》卷六十八
杜荀鶴	九華山	① 父，杜牧，早得詩名，嘗謁梁王朱全忠。 ② 寒酸，連敗文場，甚苦，大順二年登科。 ③ 荀鶴居九華山，號九華山人。 ④ 梁王立，薦為翰林學士，頗恃勢侮慢縉紳。 ⑤ 天祐元年卒。	①《唐詩紀事》卷六五②《舊五代史》卷二十四③《唐才子傳校正》卷九
沈 彬	①雲陽山②宜 春	① 字子文。自幼苦學，以離亂南遊湖、湘，隱雲陽山數年。 ② 獻詩李昇，赴辟，授秘書郎，保大中，以尚書郎致壁歸，徙居宜春。	①《唐詩紀事》卷七一②《唐才子傳校正》卷十
張 喬	九華山	① 巢寇為亂，隱居九華山。 ② 有高致，十年不窺園以苦學。 ③ 大順中，京兆府解試及第。 ④ 與喻坦之受許下薛尚書知，欲表於朝，以它不果，竟齟齬名途，徒得一進耳。	①《唐詩紀事》卷七〇②《唐才子傳校正》卷十
呂 巖	終 南	① 字洞賓。 ② 咸通初中第，兩調縣令，值巢亂，浩然發棲隱之志，攜家歸隱終南，自放跡江湖。 ③ 學神仙，變化莫測。	《唐才子傳校正》卷十
王貞白		① 字有道，乾寧二年登第。 ② 見世亂，退居著書，不復干祿。 ③ 其深惟存亡取捨之義，進而就祿，退而保身，君子也。	①《唐詩紀事》卷六十七②《唐才子傳校正》卷十
曹 松	洪 州西 山	① 字夢徵，舒州人。早年未達，嘗避亂居洪州西山。 ② 初在建州依李頻，頻卒後，往來一無所遇。 ③ 光化四年，登「五老榜」。時值新平內難，朝廷以放進士為喜，特授校書郎而卒。	①《唐詩紀事》卷六十五②《唐才子傳校》卷十
唐 求	味江山	① 求生於唐末，至性純愨，篤好雅道，放曠疏遠，邦人謂之「唐隱居」。 ② 唐末遇亂，絕念鐘鼎，放曠疏逸，居蜀之味江山。 ③ 方外物表，是所遊心。	①《唐才子傳校正》卷十②《唐詩紀事》卷五〇
崔信明	太行山	① 青州人，少英敏，及長，強記，美文章。 ② 隋大業中，為堯城令。 ③ 竇建德僭號，信明弟仕賊，為建德鴻臚卿，勸信明降則當得美官，信明踰城而遁，隱於太行山。 ④ 唐貞觀六年，應詔舉，授興世丞，遷秦川令。 ⑤ 恃才蹇亢，又矜其門族，輕侮四海士望，由是為世所譏。	①《新唐書》卷二〇三，〈文藝下〉②《舊唐書》卷一九〇，〈文苑下〉

參考書目

除經史古籍外，其餘各類書目依書名筆劃順序排列。

一、經史古籍類

1. 漢・孔安國傳，《尚書集釋》，屈萬里全集第二冊。

2. 今人屈萬里集釋，《尚書集釋》，台北：聯經出版社，1983 年出版。

3. 宋・朱熹集註，《論語》台北：啟明書局廣解四書讀本。

4. 宋・朱熹集註《孟子》，台北：啟明書局廣解四書讀本。

5. 黃錦鋐註譯，新譯莊子讀本，台北：三民書局，民國 77 年 3 月 8 版。

6. 清・王先謙集解，《荀子集解》，台北：藝文印書館，1977 年 2 月 4 版。

7. 漢・司馬遷，《史記》，台北：新象書局，1985 年 3 月修訂版。

8. 南朝・宋范曄撰，《後漢書》，台北：鼎文書局，1987 年 11 月。

9. 南朝・梁沈約撰，《宋書》，台北：鼎文書局，1975 年。

10. 唐・姚思廉撰，《梁書》，台北：鼎文書局，1975 年。

11. 唐・房玄齡等撰，《晉書》，台北：鼎文書局，1975 年 8 月。

12. 後晉・劉昫等，《舊唐書》，新校本鼎文書局，1976 年。

13. 宋・歐陽修，宋祁等，《新唐書》，新校本鼎文書局，1975 年。

14. 宋・司馬光，《資治通鑑・唐紀》，洪氏出版社。

15. 杜佑，《通典》，台北：新興書局。

16. 馬端臨，《文獻通考》，台北：新興書局。

17. 宋・宋敏求、宋綬輯，《唐大詔令集》，台北：鼎文書局，1978 年 4 月再版。

18. 王欽若等，《冊府元龜》，台北：大化書局，民國 73 年初版。

19. 宋・王溥，《唐會要》，上海古籍出版社，1991 年出版。

20. 元・辛文房、周本淳校正,《唐才子傳校正》,台北:文津出版社,1988年3月。

21. 葛洪,《抱朴子・內外篇》,王雲五主編,叢書集成初編,冊139,上海商務印書館,民國25年12月初版。

22. 葛洪,《集部類冊》774,1986年7月初版。

23. 清・徐松撰,《登科記考》,台北:中文出版社,1982年5月再版。

24. 明・胡震亨,《唐音癸籤》,臺灣商務印書館,景印文淵閣四庫全書,民國75年7月初版。

25. 董誥等輯,《全唐文》台北:文匯出版社。

26. 清聖祖御製・新校標點,《全唐詩》台北:宏業書局,1977年6月版。

27. 宋・計有功撰,《唐詩紀事》木鐸出版社,1982年2月初版。

28. 清・姚鼐編纂,《評註古文辭纂》,台北:華正書局,1984年5月。

29. 《東皋子集》,四部叢刊續編輯部,上海涵分樓影印常熟瞿氏鐵琴銅劍樓藏。

30. 《明鈔本》,上海商務印書館,1934年3月。

31. 《李白集校注》,台北:偉豐書局,1984年出版。

32. 宋・李昉編,《太平廣記》,台北:文史哲出版社,1981年11月。

33. 唐・溫大雅,《大唐創業起居注》,筆記小說大觀,第9編第1冊,台北:新興書局編,雅雨堂藏版影印本。

34. 唐・王仁裕,《開元天寶遺事》,筆記小說大觀,第20編第1冊。

35. 唐・張鷟,《朝野僉載》,筆記小說大觀,第4編第2冊。

36. 唐・段成式,《酉陽雜俎》,筆記小說大觀,第3編第2冊。

37. 唐・劉肅,《大唐新語》,筆記小說大觀,續編第1冊。

38. 唐・李德裕,《次柳氏舊聞》筆記小說大觀,第19編第1冊。

39. 唐・趙璘,《因話錄》,筆記小說大觀,第22編第1冊。

40. 唐・李肇,《國史補》,筆記小說大觀,第21編第1冊。

41. 唐・范攄,《雲溪友議》,筆記小說大觀,續編第1冊。

42. 唐・王定保,《唐摭言》,筆記小說大觀,第20編第1冊。

43. 唐・劉餗,《隋唐嘉話》,筆記小說大觀,第14編第1冊。

44. 宋・王讜,《唐語林》,筆記小說大觀,第13編第4冊。

45. 宋・孫光憲,《北夢瑣言》,筆記小說大觀,第3編第3冊。

46. 唐・封演,《封氏聞見記》,筆記小說大觀,第6編第1冊。

47. 宋・范祖禹,《唐鑑》,筆記小說大觀,第40編第1冊。

48. 清‧段玉裁注，《說文解字注》，黎明文化事業有限公司，1986 年 12 月。

49. 《道藏》，台北：藝文印書館發行，1962 年影印版，第 93 函。

二、書籍類

1. 余英時，《士與中國文化》，上海古籍出版社，1984 年。

2. 毛漢光，《中國政治史論》，台北：聯經出版，1988 年 2 月。

3. 薩孟武，《中國社會政治史》，台北：三民書局。

4. 毛漢光，《中國中古政治史論》，台北：聯經出版。

5. 柳詒徵，《中國文化》，台北：正中書局，1978 年。

6. 《中國史常識》（隋唐五代宋元），弘文館出版社，1985 年 10 月。

7. 鄧嗣禹，《中國考試制度史》，台北：學生書局。

8. 任繼愈主編，《中國道教史》，上海：人民出版社，1990 年。

9. 蔣星煜，《中國隱士與中國文化》，上海：中華書局，1949 年 1 月再版。

10. 王瑤，《中古文學史論》，長安出版社，1986 年 6 月 3 版。

11. 傅錫壬，《牛牛李黨爭與唐代文學》，東大圖書公司，1984 年。

12. 李孝定編述，《甲骨文字集釋》，第 3 編，中研院史語所集刊。

13. 《吾土與吾民》，中國文化新論，社會篇，聯經出版，1982 年。

14. 《抒情的境界》，中國文化新論，文學篇 1，聯經出版，1982 年。

15. 蘇紹興，《兩晉南朝的士族》，台北：聯經出版，1987 年。

17. 《奔騰與內斂》，中國文化新論，文學篇 2，聯經出版，1982 年。

18. 王曉毅，《放達不羈的士族》，文津出版社，1990 年。

19. 王道成撰，《科舉史話》，國文天地雜誌社，1990 年 3 月。

20. 嚴耕望，《唐僕尚丞郎表》，中研院史語所專刊之 36。

21. 嚴耕望，《唐史研究叢稿》，新亞研究所。

22. 李樹桐，《唐史新論》，臺灣中華書局，1972 年。

23. 李樹桐，《唐史研究》，臺灣中華書局，1979 年。

24. 羅香林，《唐代文化史》，台灣商務印書館，1963 年。

25. 卓遵宏，《唐代進士與政治》，國立編譯館，1987 年。

26. 陶晉生等譯，《唐史論文選集》，幼獅文化事業公司，1990 年 12 月。

27. 李志慧，《唐代文苑風尚》，文津出版社，1989 年。

28. 孫昌武，《唐代文學與佛教》，谷風出版社，1987 年 5 月。

29. 王國瓔，《唐代山水詩研究》，聯經出版，1986 年。

30. 劉開揚，《唐詩論文集》，上海古籍出版社，1979 年。

31. 呂正惠，《唐詩論文選集》，長安出版社，1985 年 4 月。

32. 葉慶炳，《唐詩散論》，台北：洪範書店，1977 年。

33. 羅龍治，《進士與唐代的文學社會》，台大文史叢刊。

34. 葛兆光，《道教與中國文化》，上海人民出版社，1987 年。

35. 岑仲勉，《隋唐史》，東海大學藏書。

36. 王壽南，《隋唐史》，台北：三民書局，1986 年 12 月。

37. 傅樂成，《隋唐五代史》，台北：眾文書局，1990 年二版。

38. 陳寅恪，《陳寅恪先生文集》，台北：里仁書局，1982 年 9 月。

39. 《理想與現實》，中國文化新論，思想篇，聯經出版，1982 年。

40. Denis Twitchett 編，《劍橋中國史隋唐篇》，上下冊。

41. 張榮芳主譯，高明士總校訂，台北：南天書局，1987 年 9 月。

42. 柴松林，《統計學》，台北：三民書局，1991 年 2 月修訂再版。

43. 傅樂成，《漢唐史論集》，台北：聯經出版，1977 年。

44. 安作璋，《簡明中國歷代官制詞典》，齊魯書社，1987 年。

三、論文期刊類

1. 孫鐵剛，〈「士」字的原義和「士」的職掌〉，《史原》第 5 期，頁 1～8。

2. 陳英姬，〈中國士人仕與隱的研究〉，民國 72 年師大碩士論文。

3. 趙玉楨，〈王維隱居與其詩的關係新探〉，《中國古代近代文學研究》，1991 年 12 月。

4. 盧懷萱，〈王維的隱居與出仕〉，《文學遺產增刊》第 03 輯。

5. 陳鐵民，〈王維年譜〉，文史第 06 輯。

6. 莊申，〈王維道家思想與生活〉，《大陸雜誌》33-8，民國 55 年 10 月。

7. 盧桂霞，〈王維詩中的佛家思想〉，《古今談》100，民國 62 年 8 月。

8. 張曼娟，〈王維學佛不得已──從詩中看王維的矛盾衝突〉，《中華文化復興月刊》19-2，民國 75 年 2 月。

9. 趙效宣，〈五代兵災中士人之逃亡與隱居〉，《新亞書院學術年刊》，民國 52 年。

10. 陳友琴，〈白居易作品中的思想矛盾〉，《文學研究集刊》第 4 冊，頁 192～230。

11. 李樹桐，〈玄武門之變及其對政治的影響〉12，《大陸雜誌》22～56，民國 50 年 9 月。

12. 王潤華，〈在晚唐政治動盪中司空圖的仕官生涯考〉，《漢學研究》，民國 78 年 12 月，2 期。

13. 傅樂成，〈李唐皇室與道教〉，《食貨復刊》，9～10，民國 69 年 1 月。

14. 孔繁，〈李白和道教〉，《世界宗教研究》，1991 年 4 月，總 46 期。

15. 喬象鍾，〈李白漫游的經濟來源〉，《文學評論叢刊》第 13 期。

16. 傅紹良，〈李白的個性意識與悲劇心態〉，《陝西師大學報》（哲學社會版），1992 年 2 月，20 卷 1 期，唐詩研究。

17. 胡萬川，〈神仙與富貴之間的抉擇——唐代小說中一個常見的主題〉，《小說戲曲研究》第 2 集，1989 年 8 月。

18. 盧敬川，〈初探李白從失敗的原因〉，《江漢論壇》，1991 年 1 月，總 125 期。

19. 劉文剛，〈孟浩然生平蠡測〉，《古籍整理與研究》，1987 年 1 月，總 2 期。

20. 陳貽焮，〈孟浩然事跡考辨〉，《文史》第 4 輯。

21. 尚定，〈武則天時代的：詩賦取士〉，《中國社會科學》，1991 年 6 期。

22. 劉伯驥，〈長安為中心的唐代社會風氣〉，《陝西文獻》40，民國 69 年 1 月。

23. 黃富三，〈科舉制度與唐代的社會流動〉，《東方雜誌復刊》第 2 卷第 2 期。

24. 王壽南，〈唐玄宗時代的政風〉，《國立政治大學學報》第 209 期。

25. 卓遵宏，〈唐代進士風氣浮薄之成因及影響〉，《淡江學報》。

26. 傅璇琮，〈唐代詩人考略〉，《文史》第 8 輯。

27. 袁剛，〈唐代的翰林學士〉，《文史》第 33 期，中華書局出版。

28. 王吉林，〈唐代初年政治集團的運用及其限制〉，《華崗學報》8，民國 63 年 7 月。

29. 孫克寬，〈唐代道教與政治〉，《大陸雜誌》，51～2，民國 64 年。

30. 羊華榮，〈唐代道教與政治〉，《文史知識》，1987 年 12 月，總 78 期。

31. 孫克寬，〈唐代道教之發展導論〉，《中興文學史報》4，民國 63～58 年。

32. 李樹桐，〈唐代的政教關〉，《師大學報》12，民國 56 年 6 月。

33. 孫國棟，〈唐宋之際社會門第之消融〉，《新亞學報》4～1，民國 48 年。

34. 李濟賢，〈唐宋以來戰亂對北方社會的不利影響〉，《史學集刊》，1991 年 1 月，總 42 期。

35. 王壽南，〈唐代藩鎮與中央關係之研究〉，《嘉新水泥公司文化基金會》，1969 年。

36. 陳貽焮，〈唐代某些知識分子隱逸求仙的政治目的〉，北京中華書局，《李白研究論文集》，1964 年 4 月。

37. 陳飛，〈唐代科舉制度與文學精神品質〉，《文學遺產》，1991 年 2 月。

38. 烏廷玉，〈唐代的科舉制度〉，《魏晉南北朝隋唐史》，1987 年 2 月。

39. 趙明義，〈唐代科舉考試述評〉，《復興崗學報》第 18 期。

40. 劉海峰，〈唐代選舉制度與官僚政治的關係〉，《廈門大學學報》（哲學版），1989 年 3 月。

41. 楊國宜、陳慧群，〈唐代文人入幕成風的原因〉，《安徽師大學報》，1991 年 19 卷 3 期。

42. 張慎言，〈唐人小說中透露出來的唐代文人生活〉，《中國文化月刊》8，民國 69 年 6 月。

43. 盧威廉，〈唐代傳奇小說中的社會思想〉，《社會導進》1～6，民國 57 年 5 月。

44. 劉翔飛，〈唐人隱逸風氣及其影響〉，民國 67 年碩士論文。

45. 嚴耕望，〈唐人讀書山林寺院之風尚〉，《史語所集刊》30 下，民國 48 年 10 月。

46. 李翔，〈唐代致仕制度初探〉，《中國史研究》，1991 年 1 月，頁 66～71。

47. 樸人，〈唐宋士大夫的妓樂〉，《自由談》26-6，民國 64 年 6 月。

48. 李樹桐，〈唐代的科舉制度與士風〉，《華崗學報》6。

49. 潘桂明，〈唐初佛道之爭的實質影響〉，《安徽師大學報》（哲學社版），1990 年 1 月，頁 54～61。

50. 錢穆，〈唐宋時代文化〉，《大陸雜誌》4～8。

51. 傅樂成，〈唐人的生活〉，《食貨月刊》4～12。

52. 傅樂成，〈唐型文化與宋型文化〉，《國立編譯館館刊》1～4s。

53. 嚴耕望，〈唐代文化約論〉，《大陸雜誌》4～8。

54. 曹旅寧，〈唐代度牒考略〉，《陝西師大學報》（哲社版），1990 年 2 月。

55. 邱添生，〈唐代文化與外來文化〉，《師大學報》16，民國 60 年 6 月。

56. 陳瓊玉，〈唐代政教關係〉，《中國佛教》26～7，民國 71 年 4 月。

57. 施逢雨，〈唐代道教徒式隱士的崛起──論李白隱逸求仙〉，《清華學報》，新 16～12，民國 73 年 12 月。

58. 黃敏枝，〈唐代寺院經濟的研究〉，《台大文史叢刊》，民國 60 年 12 月。

59. 黃敏枝，〈唐代寺領莊園的研究〉，《思與言》8～2，民國 59 年 7 月。

60. 傅樂成，〈唐人獨特的精神〉，《青年中國》1～2。

61. 王義良，〈唐人小說中之佛道思想〉，1977 高師碩士論文。

62. 繆鉞，〈唐宋詞中"感士不遇"心情初探〉，《文科學報文摘》，1991 年 1 月，總 40。

63. 宁欣，〈唐代的選人與官闕〉，《魏晉南北朝隋唐史人文雜誌》，1991 年 5 月。

64. 宋大川，〈略論唐代士人的隱居讀書〉，《史學月刊》，1989 年 2 月。

65. 陳海蘭，〈從唐代傳奇小說看當時的社會問題〉，台大碩士論文，民國 59 年。

66. 張健，〈從作品看孟浩然對政治的態度〉，《文藝》第 41 期。

67. 卿希泰，〈從葛洪論儒道關係看神仙道教理論特點〉，《世界宗教研究》，1981 年 1 月。

68. 吳宗國，〈進士科與唐朝後期的官僚世襲〉，《中國史研究》，1982 年 1 月。

69. 楊志玖，〈試論唐代藩鎮割據社會基礎〉，《歷史教學》，1980 年 6 月。

70. 李富華、董型武，〈試論唐代的宗教政策〉，《世界宗教研究》。

71. 韓維祿，〈試論李白思想的轉變與發展〉，《山西師大學報》（社會科），1990 年 3 月。

72. 張明非，〈試論初唐詩人王績的隱逸〉，《廣西師大學報》（哲社版），1993 年 1 月。

73. 李繼唐，〈談談李白的求仙學道〉，《文學遺產增刊》第 13 輯。

74. 夏曉虹，〈談談李白的好神仙與從政的關係〉，《文學遺產增刊》第 14 輯。

75. 羅龍治，〈論唐初功利思想與武曌代唐的關係〉，《史原》。

76. 林繼平，〈論唐代開國的條件〉，《甘肅文獻》7，民國 65 年 12 月。

77. 章群，〈論開元前的政治集團〉，《新亞學報》1～2，民國 56 年。

78. 王永平，〈論翰林學士與中晚唐政治〉，《晉陽學刊》，1993 年 2 月，總 59。

79. 傅璇琮，〈論唐代進士的出身及唐代科舉取士中寒士與子弟之爭〉，《中華文史論叢》，1984 年 2 月。

80. 楊劍虹，〈論唐太宗與佛教〉，《西北史地季刊》，1991 年 4 月，頁 57～67。

81. 李養正，〈論道教與佛教的關係〉，《中國社會科學》，1992 年 3 月，總 75。

82. 臺靜農，〈論唐代士風與文學〉，《台大文史哲學報》14，民國 54 年 11 月。

83. 馮承基，〈論雲麓漫鈔所述傳奇與行卷之關係〉，《大陸雜誌》35～8，民國 56 年 10 月。

84. 王炎平，〈辨牛李之爭與士庶鬥爭之關係〉，《四川大學學報》，1987 年 2 月。

85. 陳鐵民，〈關於然孟浩然生平事跡的幾個問題〉，《文史》第 15 輯。